손그림 다이어리 꾸미기

이연희 지음

일진사

머리말

일상생활 속에서 친구나 연인 또는 부모님을 비롯한 가족들에게 감사와 사랑의 마음을 전할 때 손편지는 그 어떤 것보다 값지고 의미 있는 선물이 된다. 특히 손그림을 이용하여 직접 편지지를 만들어 편지를 쓰는 경우에는 감동이 배가 될 것이다.

또한 자기 자신과 소통하면서 생각과 감정을 정리하고, 즐겁고 행복한 기억들을 기록으로 남기고 싶을 때 손그림을 이용하면 나만의 특별한 다이어리가 될 수 있다.

이 책은 편지지나 다이어리를 꾸밀 때 이용할 수 있는 다양한 손그림들을 다섯 가지 주제별로 분류하였으며, 누구나 손쉽게 따라 그릴 수 있도록 그리는 과정을 단계별로 나누어 자세히 설명하였다. 누군가에게 마음을 전하는 편지를 쓰고 싶을 때 손그림으로 정성이 가득 담긴 편지지를 만들 수 있고, 일상생활 속 자신의 이야기를 남기고 싶을 때 손그림을 따라 그리거나 응용하면 나만의 개성 있는 다이어리를 꾸밀 수 있다.

이 책에 나오는 여러 가지 손그림들이 자신의 마음속 생각과 느낌이나 일정 및 계획을 글로 표현하는 다이어리를 꾸미는 데 큰 도움이 되길 바란다.

마지막으로 이 책을 준비하면서 많은 도움을 준 사람들에게 고마운 마음을 전한다. 우선 아픈 몸이지만 마음으로 큰 힘이 되어 준 현주 언니, 사랑하는 아빠, 엄마, 영란 언니, 힘들어할 때마다 같이 고민하고 걱정을 해 준 선, 서진이, 미덕 언니, 그리고 처음부터 끝까지 할 수 있게 인도해 주신 하나님께 감사를 드린다.

이연희 씀

차례

Part 01

마음을 전하는 손그림 꾸미기

Part 02

아름다운 사계절 손그림 꾸미기

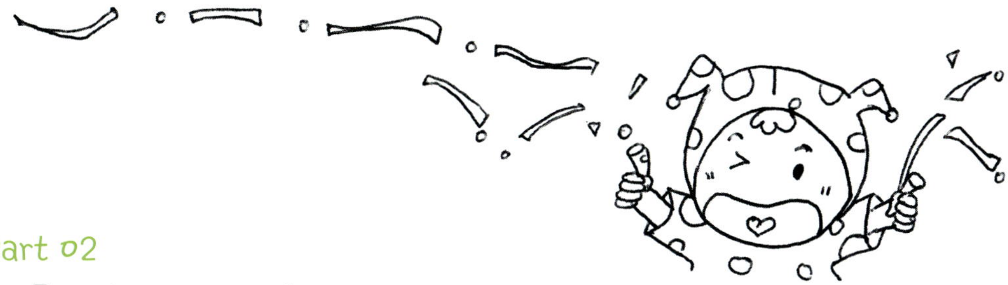

Spring

Summer

Autumn

Winter

Part 03
인테리어 소품 손그림 꾸미기

Part 04
이동 수단 손그림 꾸미기

Part 05

여러 가지 배경 손그림 꾸미기

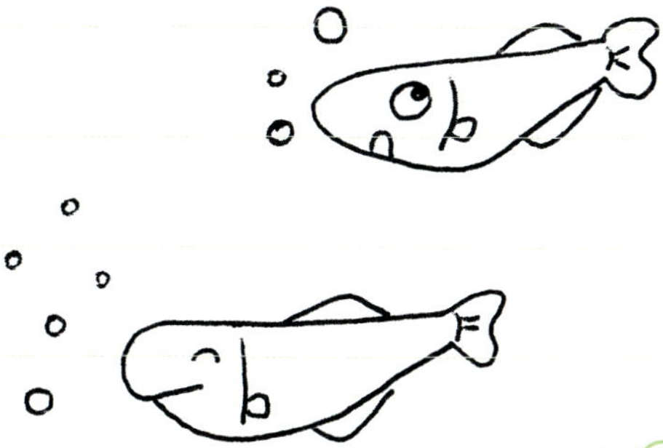

PART 01

마음을 전하는 손그림 꾸미기

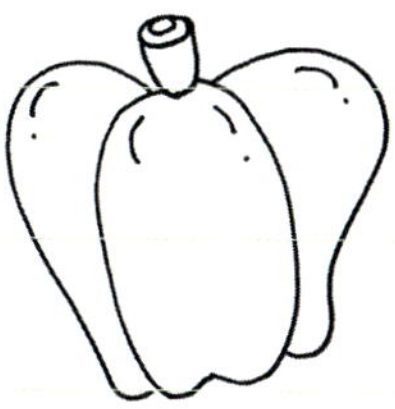

01 피 망

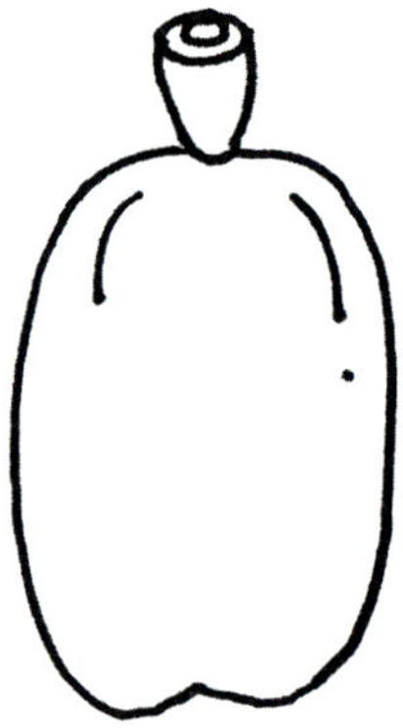

1. 타원을 이용해서 피망의 몸통과 기둥을 그린다.

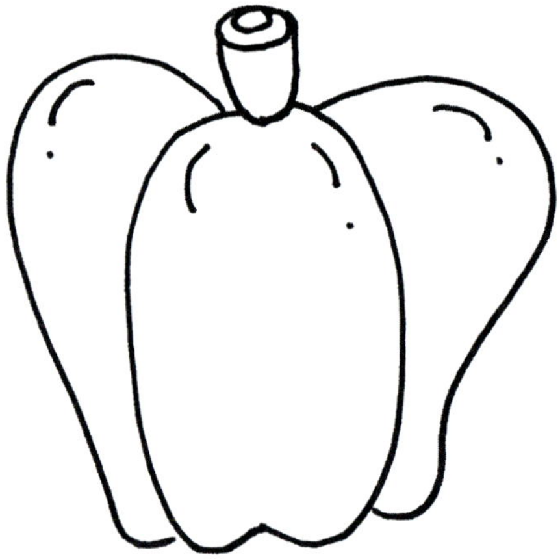

2. 양옆에 타원을 이용해서 그림을 그린다.

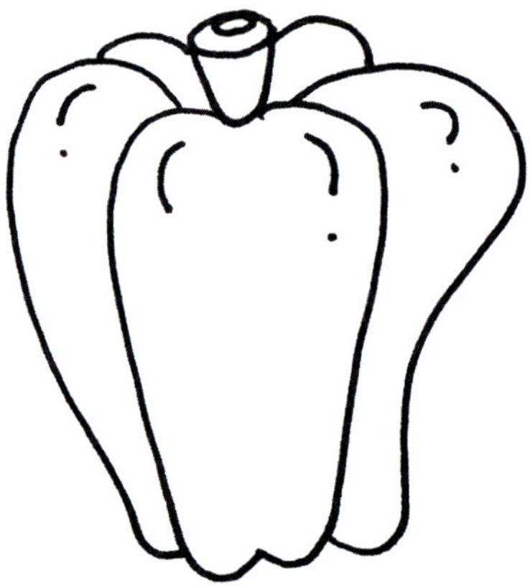

3. 뒤쪽의 피망 조각을 그려 피망을 완성한다.

편지지 꾸미기 1

피망 모양을 크게 그린 후 편지지 선을 그린다. 하단에 여러 모양의 피망을 그려서 편지지를 완성한다.

신선하고 건강한 이야기를 나누고 싶은 친구에게 편지를 써본다.

02 여자 아이

1. 여자 아이의 얼굴을 그린다.

2. 몸통과 팔, 가방을 그린다.

3. 치마와 다리를 그려 완성한다.

편지지 꾸미기 2

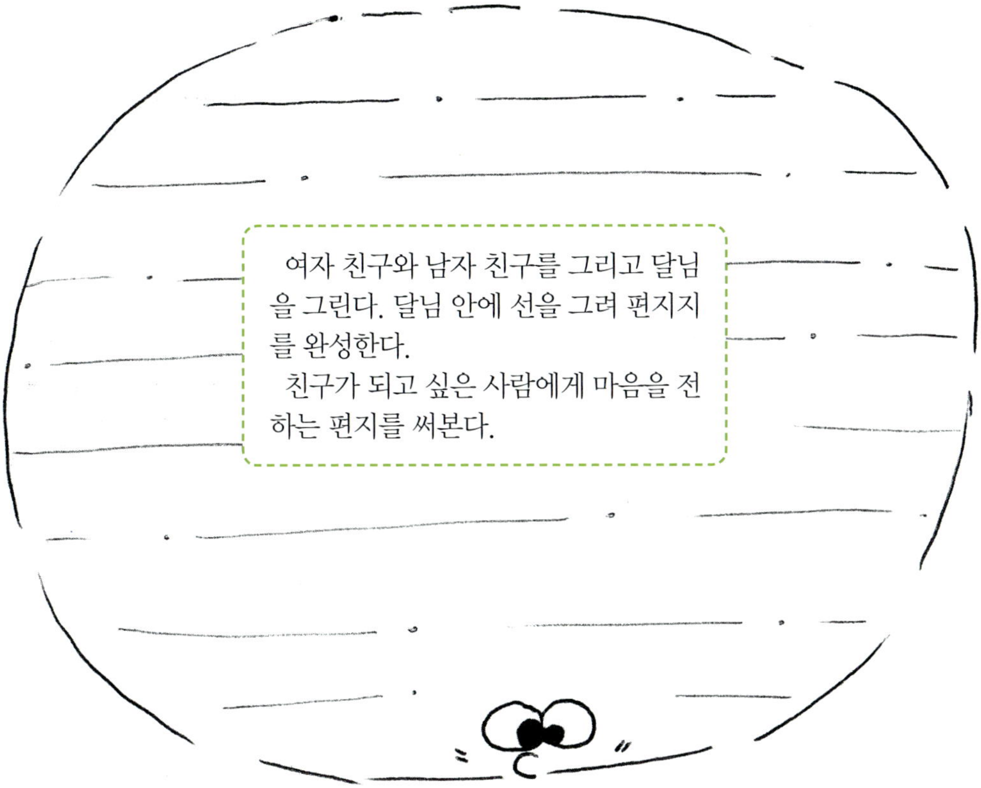

여자 친구와 남자 친구를 그리고 달님을 그린다. 달님 안에 선을 그려 편지지를 완성한다.

친구가 되고 싶은 사람에게 마음을 전하는 편지를 써본다.

03 삐에로

1. 삐에로 얼굴을 그린다.

2. 몸통과 팔을 그린다.

3. 다리를 그리고 옷에 여러 가지 무늬를 그린 후 공을 그려 완성한다.

편지지 꾸미기 3

삐에로를 그리고 공 모양을 크게 그린 후 공 안에 선을 그린다. 편지지 위쪽에 귀여운 삐에로를 하나 더 그려 완성한다.

우울한 친구나 기쁨을 나누고 싶은 친구에게 편지를 써본다.

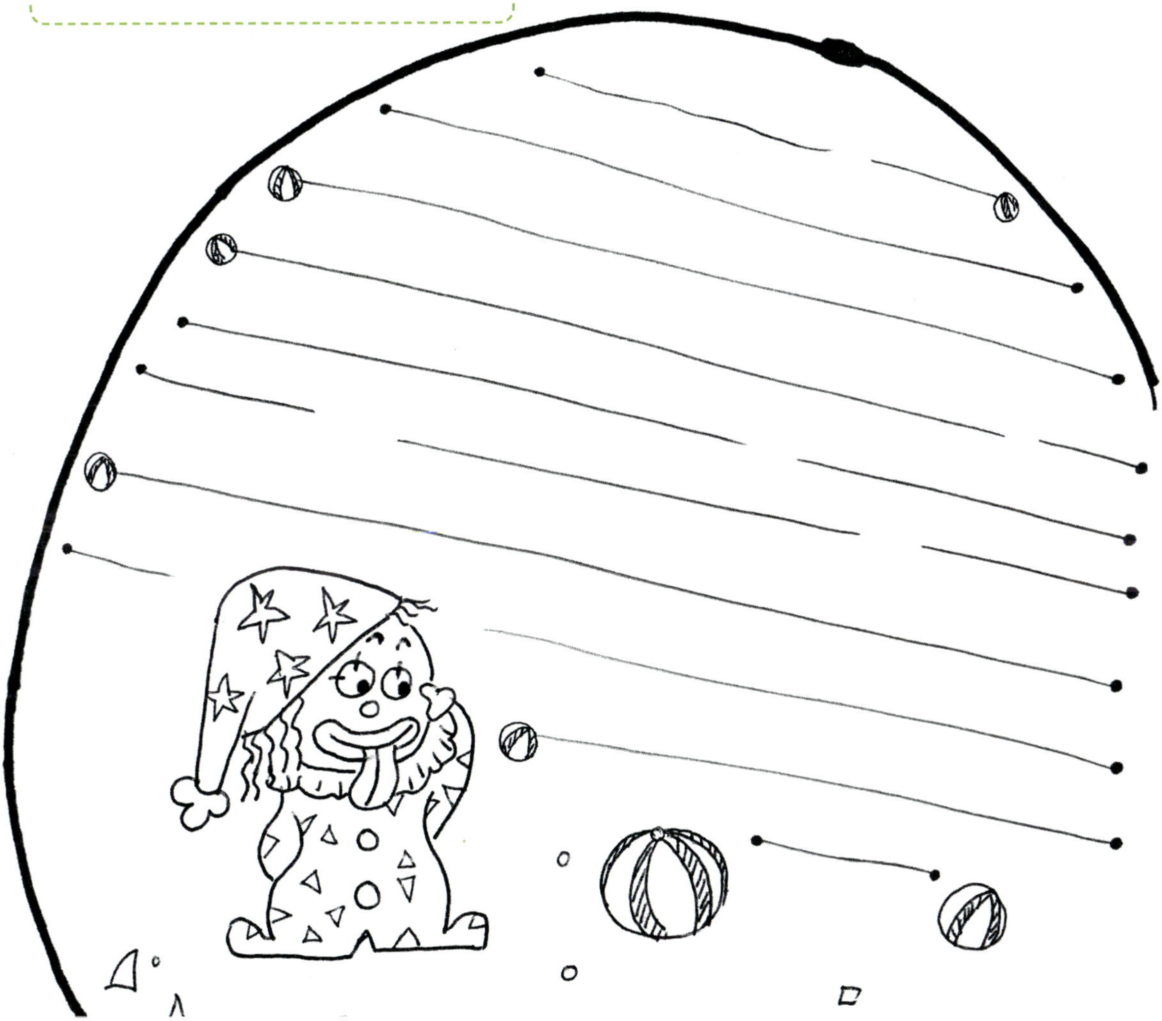

04 유리잔

1. 유리잔 모양을 그린다.

2. 그 위에 체리와 채소를 그린다.

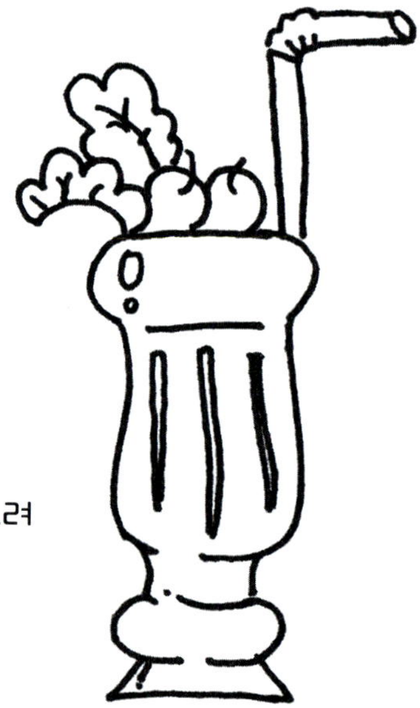

3. 유리잔 위에 스트로를 그려 완성한다.

편지지 꾸미기 4

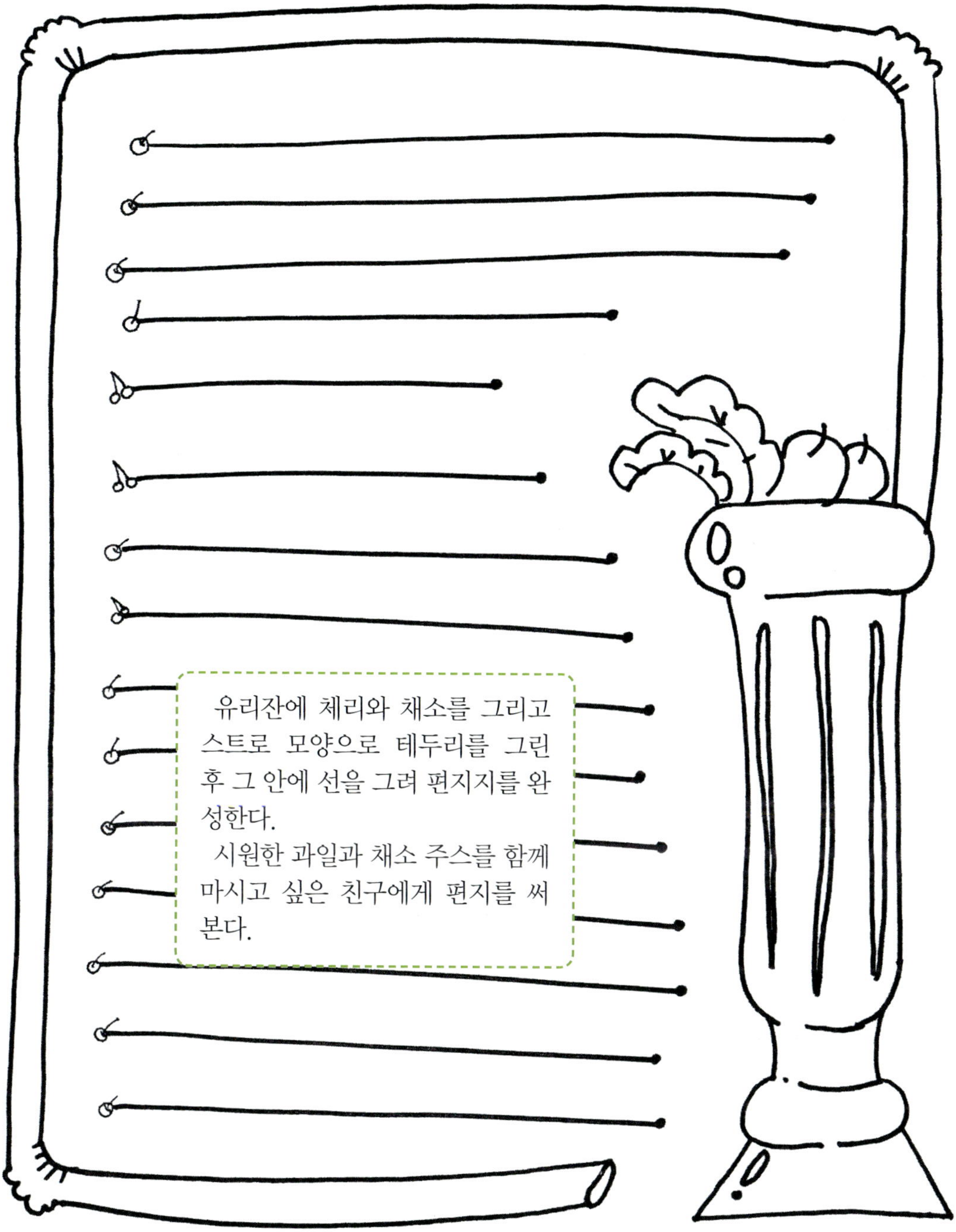

유리잔에 체리와 채소를 그리고 스트로 모양으로 테두리를 그린 후 그 안에 선을 그려 편지지를 완성한다.
시원한 과일과 채소 주스를 함께 마시고 싶은 친구에게 편지를 써 본다.

05 개구리

1. 개구리 얼굴을 그린다.

2. 개구리 몸통을 그린다.

3. 개구리의 팔과 다리를 그려 노래 하는 개구리를 완성한다.

편지지 꾸미기 5

하단에 여러 마리의 즐겁게 노래하는 개구리들을 그린다. 그 위에 연꽃잎 모양을 크게 그리고 그 안에 선을 그려 편지지를 완성한다.

함께 즐거움을 나누고 싶은 친구에게 편지를 써본다.

01 콩깍지

1. 콩깍지를 그린다.

2. 콩깍지 안에서 빠져나온 콩을 그린다.

3. 콩깍지에서 나온 콩을 그려 완성한다.

편지지 꾸미기 1

콩깍지와 콩을 그리고 콩에서 나온 콩 중에서 하나를 크게 그린 후 선을 그려 편지지를 완성한다.

사랑하는 사람끼리는 눈에 콩깍지가 씌워졌다고 하는데… 사랑의 마음을 편지로 써서 전해 본다.

02 모 자

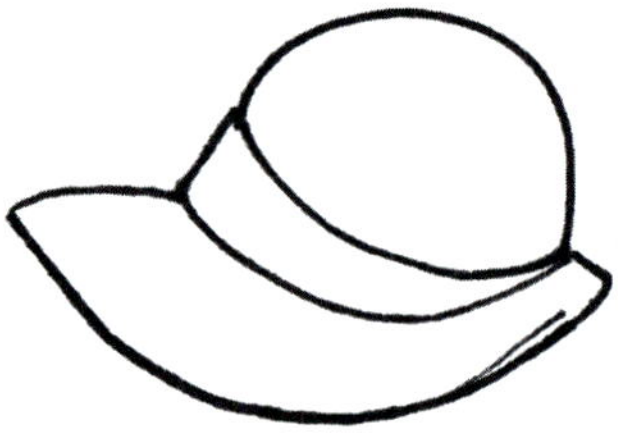

1. 모자 모양을 그린다.

2. 리본을 그린다.

3. 리본 무늬를 그려 모자를 완성한다.

편지지 꾸미기 2

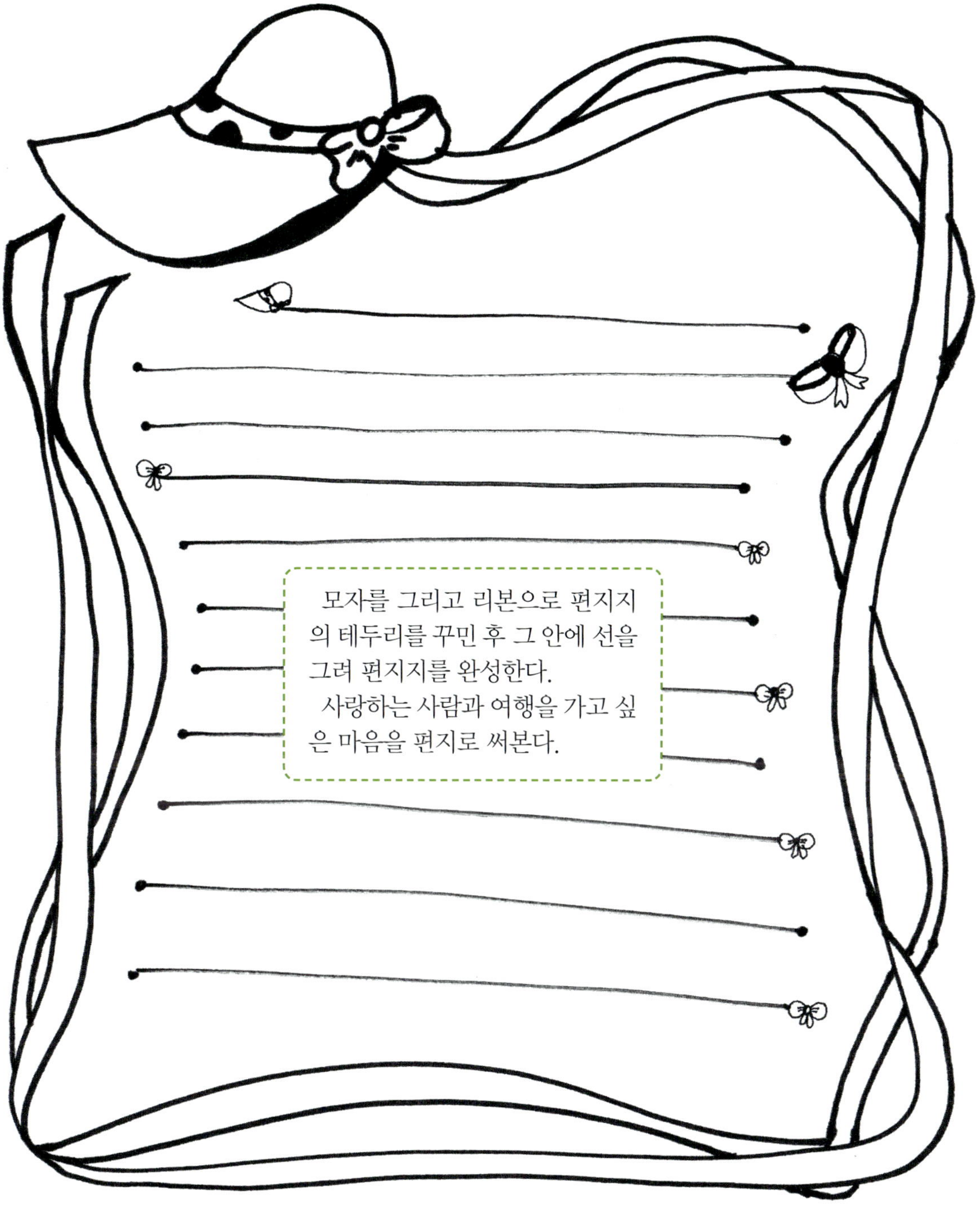

모자를 그리고 리본으로 편지지의 테두리를 꾸민 후 그 안에 선을 그려 편지지를 완성한다.

사랑하는 사람과 여행을 가고 싶은 마음을 편지로 써본다.

03 장미꽃

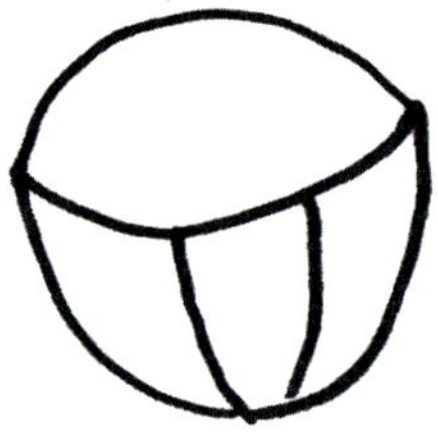

1. 타원을 이용해서 꽃을 그린다.

2. 꽃술을 그리고 양옆에 선을 이용해서 꽃 모양을 완성한다.

3. 주변에 줄기와 봉오리를 그려 장미꽃을 완성한다.

편지지 꾸미기 3

장미꽃을 여러 송이 그리고 줄기를 이용해서 편지지를 완성한다.

사랑하는 사람에게 꽃을 선물해 주고 싶은 마음을 담아 편지를 써 본다.

04 창문과 달

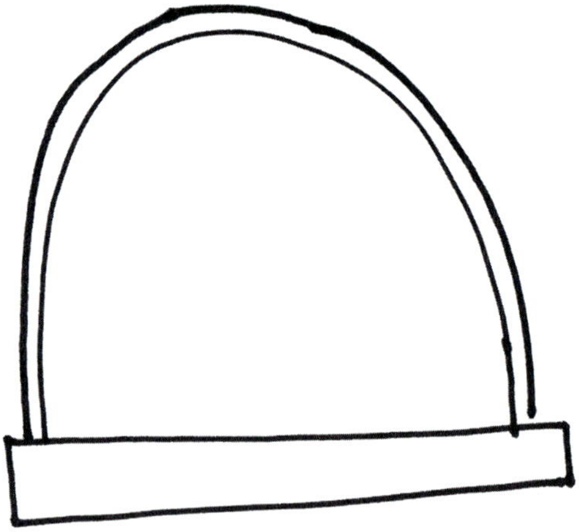

1. 창문 틀을 그린다.

2. 창문에 선을 그린다.

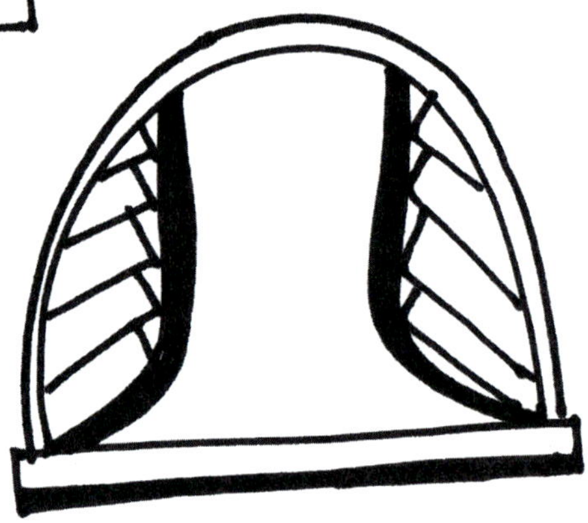

3. 창문 사이에 달과 별을 그려 그림을 완성한다.

편지지 꾸미기 4

집 모양과 창문, 달을 그리고 집 안에 선을 그려 편지지를 완성한다.

사랑하는 사람과 함께 있고 싶은 마음을 편지로 써본다.

05 하트 상자

1. 리본을 그린다.

2. 하트를 그린다.

3. 하트 상자의 밑부분을 그려 완성한다.

편지지 꾸미기 5

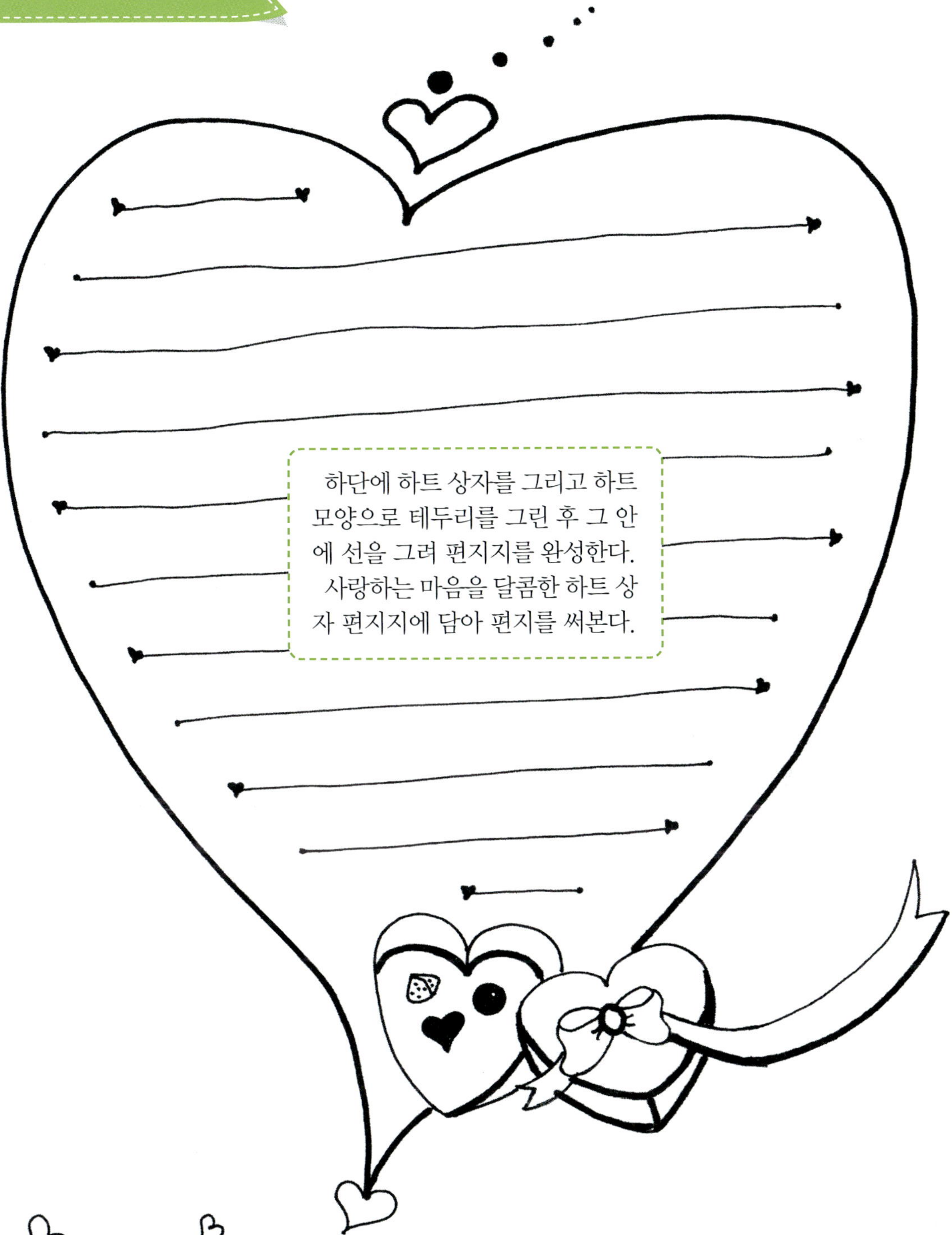

하단에 하트 상자를 그리고 하트 모양으로 테두리를 그린 후 그 안에 선을 그려 편지지를 완성한다.

사랑하는 마음을 달콤한 하트 상자 편지지에 담아 편지를 써본다.

01 억새와 달

1. 억새를 그린다.

2. 억새를 하나 더 겹쳐지게 그린다.

3. 달과 구름을 그려 완성한다.

편지지 꾸미기 1

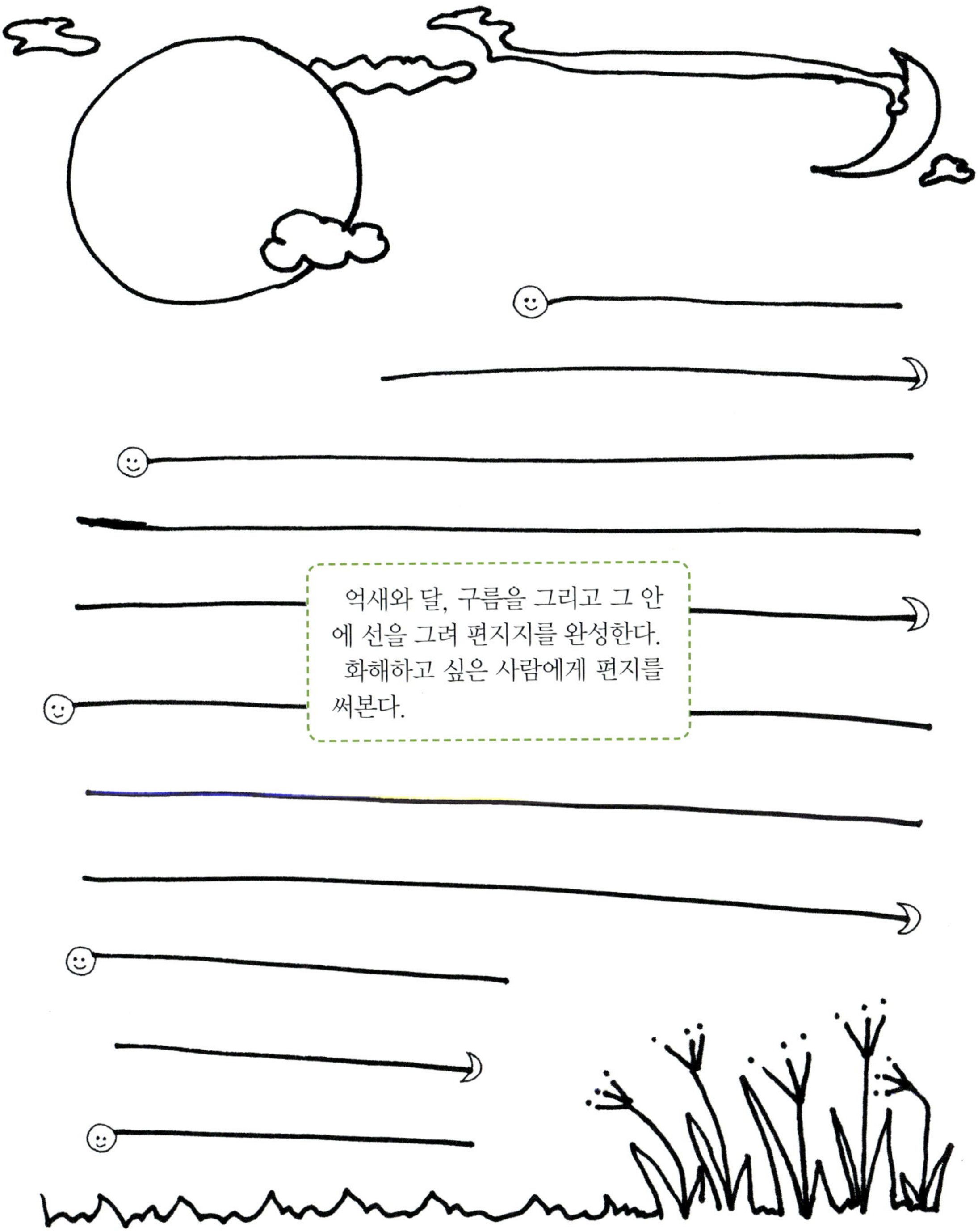

억새와 달, 구름을 그리고 그 안에 선을 그려 편지지를 완성한다.
화해하고 싶은 사람에게 편지를 써본다.

02 아기새

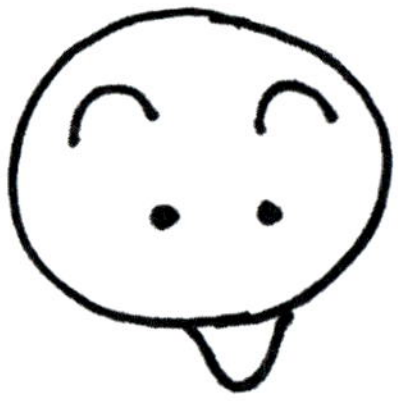

1. 아기새 얼굴을 그린다.

2. 몸통과 다리를 그린다.

3. 창문에 앉아 있는 아기새를 그려 완성한다.

편지지 꾸미기 2

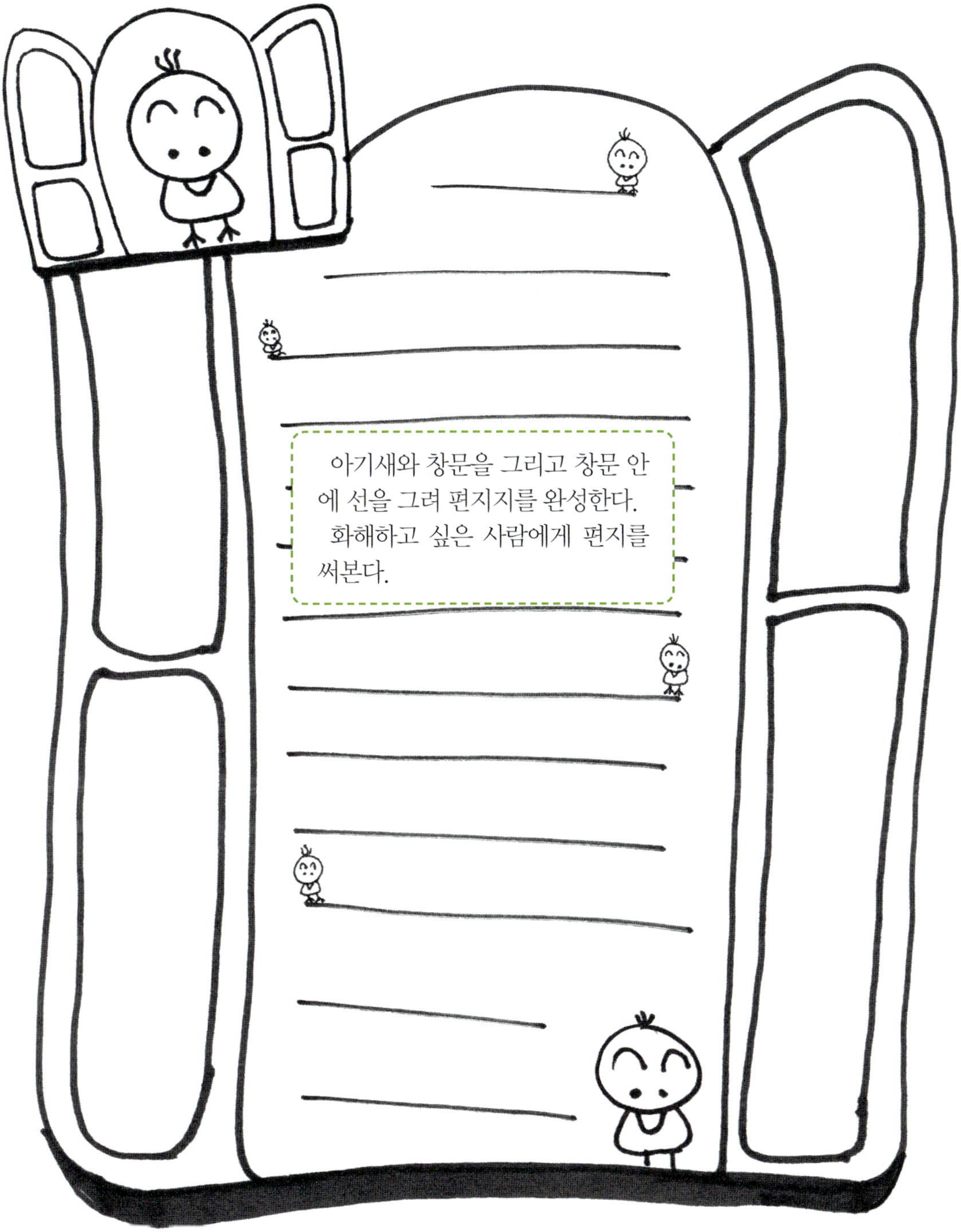

아기새와 창문을 그리고 창문 안에 선을 그려 편지지를 완성한다.
화해하고 싶은 사람에게 편지를 써본다.

03 돛단배

1. 얼굴과 모자를 그린다.

2. 몸통과 팔을 그린다.

3. 배와 노, 물결을 그려 완성한다.

편지지 꾸미기 3

돛단배에 탄 사람이 노를 젓는 모습을 그리고 배를 크게 그린 후 선을 그려 편지지를 완성한다.
화해하고 싶은 사람에게 편지를 써본다.

04 연필

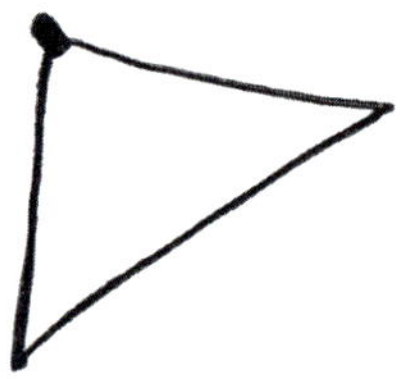

1. 세모를 그린다.

2. 네모를 그리고 네모 안에 선을 그린다.

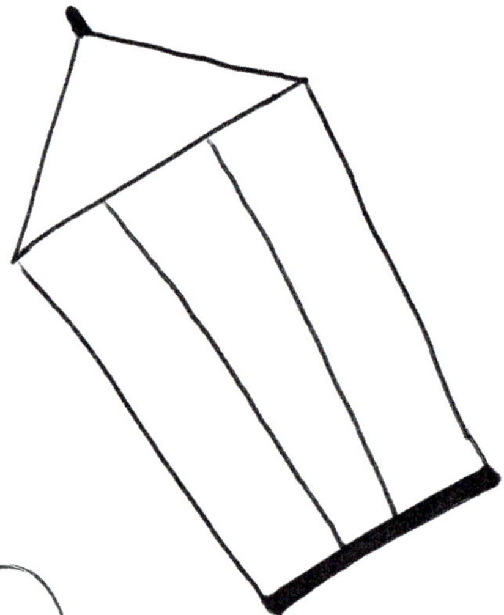

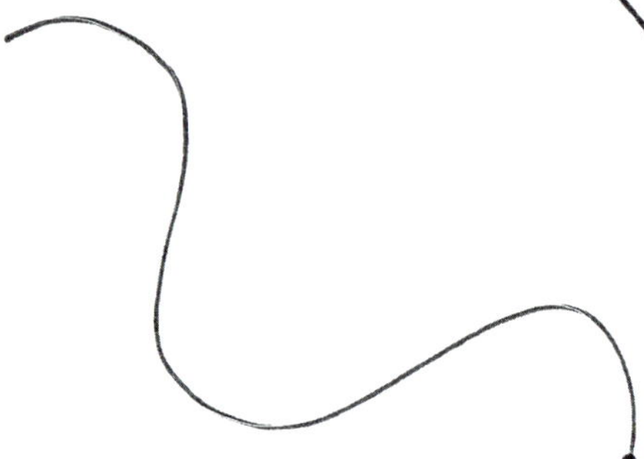

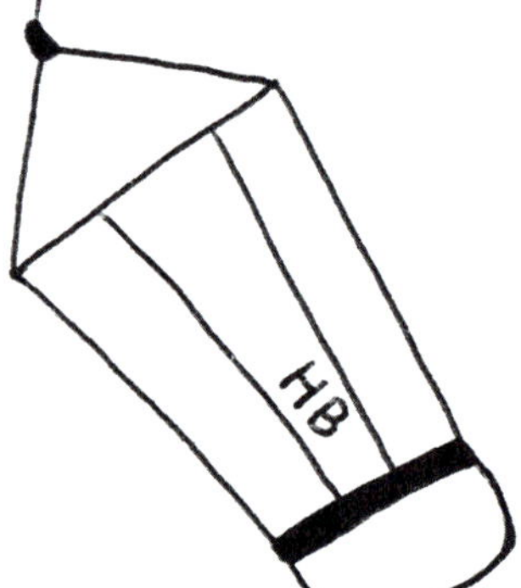

3. 연필에 달린 지우개를 그리고 연필선을 그려 완성한다.

편지지 꾸미기 4

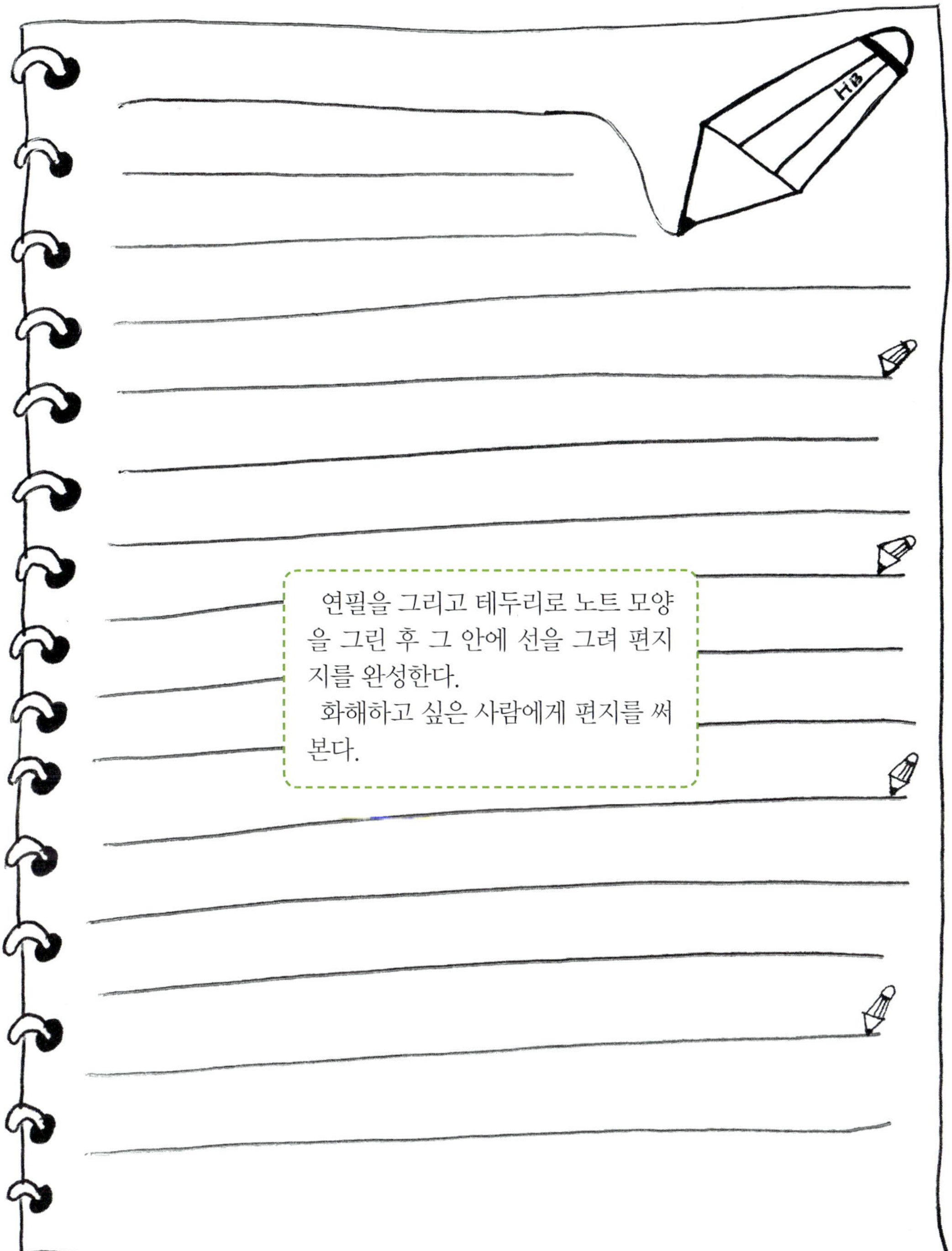

연필을 그리고 테두리로 노트 모양을 그린 후 그 안에 선을 그려 편지지를 완성한다.

화해하고 싶은 사람에게 편지를 써 본다.

05 등 대

1. 네모와 반원을 이용해서 등대 외곽선을 그린다.

2. 문과 벽돌 무늬를 그린다.

3. 갈매기와 억새를 그려 등대를 완성한다.

편지지 꾸미기 5

등대와 억새, 갈매기를 그리고 배를 그린 후 물결 모양의 선을 이용해서 편지지를 완성한다.

화해하고 싶은 사람에게 편지를 써 본다.

06 자전거

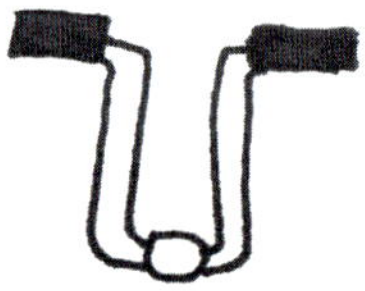

1. 자전거 손잡이를 그린다.

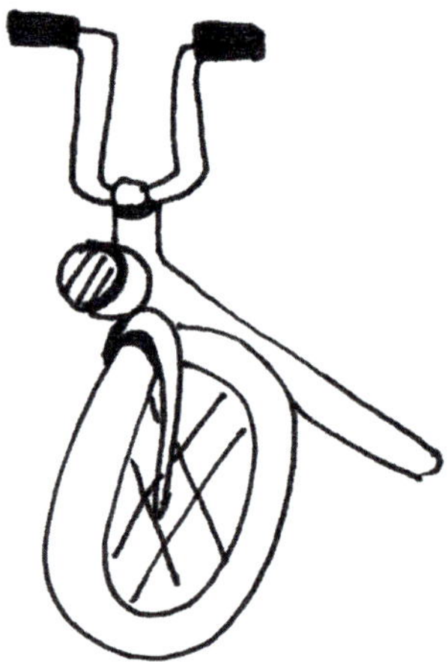

2. 앞바퀴를 그린다.

3. 뒷바퀴와 페달을 그리고 의자를 그려 완성한다.

편지지 꾸미기 6

자전거를 그리고 테두리로 나무를 크게 그린 후 그 안에 선을 그려 편지지를 완성한다.

자전거를 타고 가서 화해하고 싶은 마음을 담아 편지를 써본다.

01 책

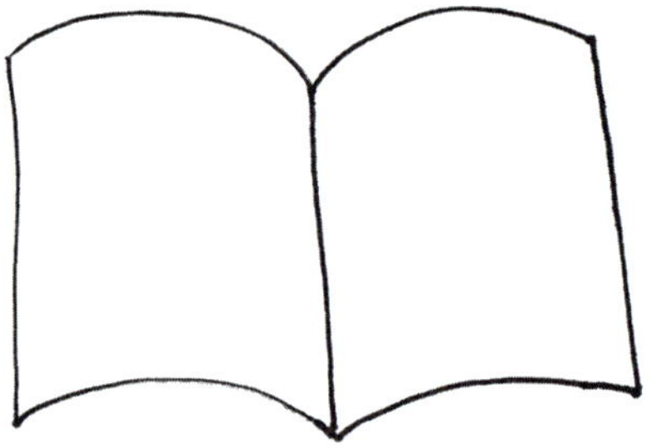

1. 책 모양을 그린다.

2. 책 두께를 그린다.

3. 나뭇잎과 책갈피를 그려 완성한다.

편지지 꾸미기 1

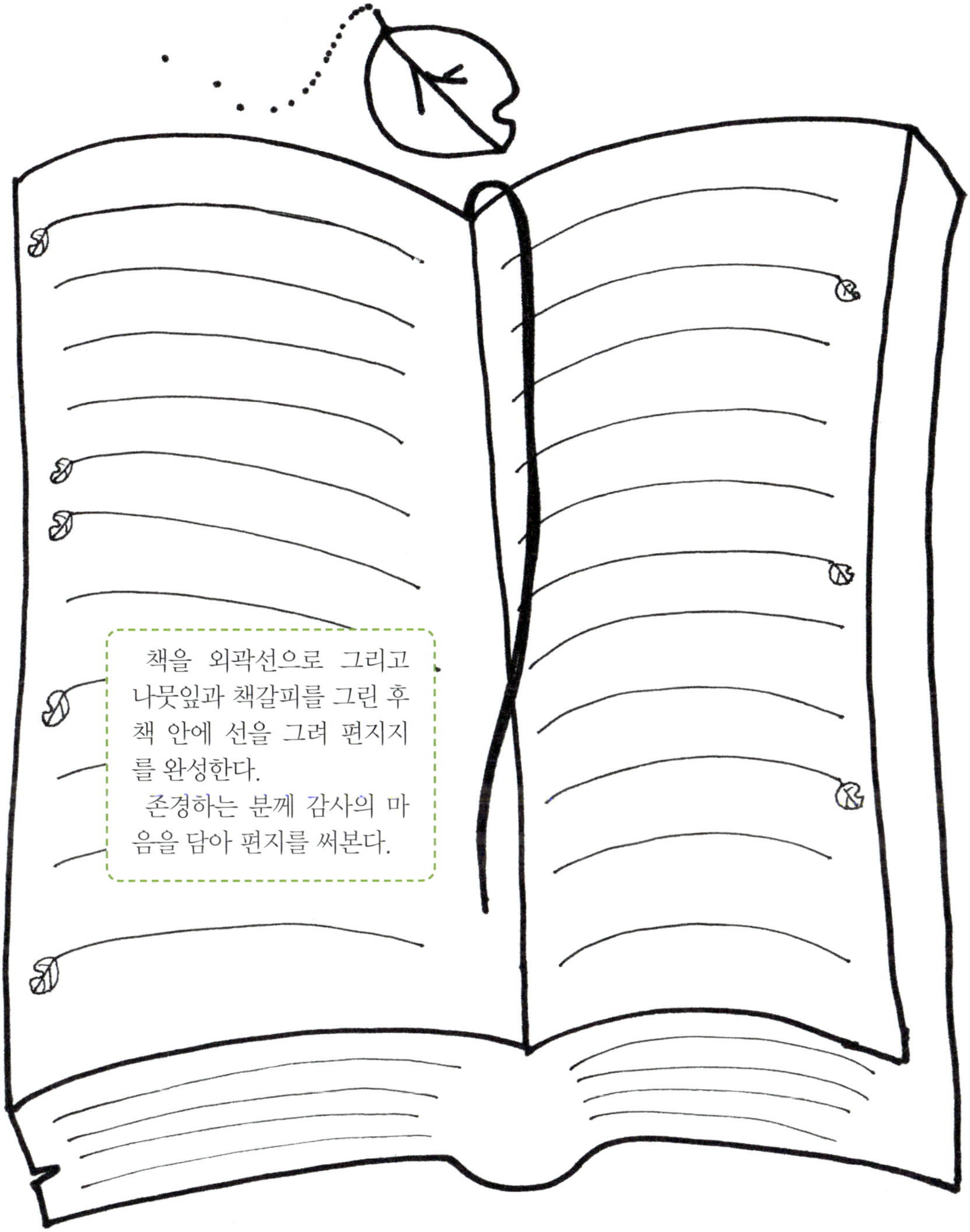

책을 외곽선으로 그리고 나뭇잎과 책갈피를 그린 후 책 안에 선을 그려 편지지를 완성한다.

존경하는 분께 감사의 마음을 담아 편지를 써본다.

02 꽃다발 1

1. 사람 얼굴과 모자를 그린다.

2. 눈, 코, 입과 꽃다발을 그린다.

3. 몸통과 팔을 그려 완성한다.

편지지 꾸미기 2

꽃다발을 크게 외곽선으로 그리고 그 안에 선을 그린 후 꽃다발을 든 사람을 하단에 그려 완성한다.

감사한 마음을 꽃다발을 들고 있는 모습에 담아 편지를 써본다.

감사의 마음을 전하는 손그림

03 집과 풍경

1. 집을 그린다.

2. 굴뚝과 나무를 그린다.

3. 여러 그루의 나무를 그려 집과 풍경을 완성한다.

편지지 꾸미기 3

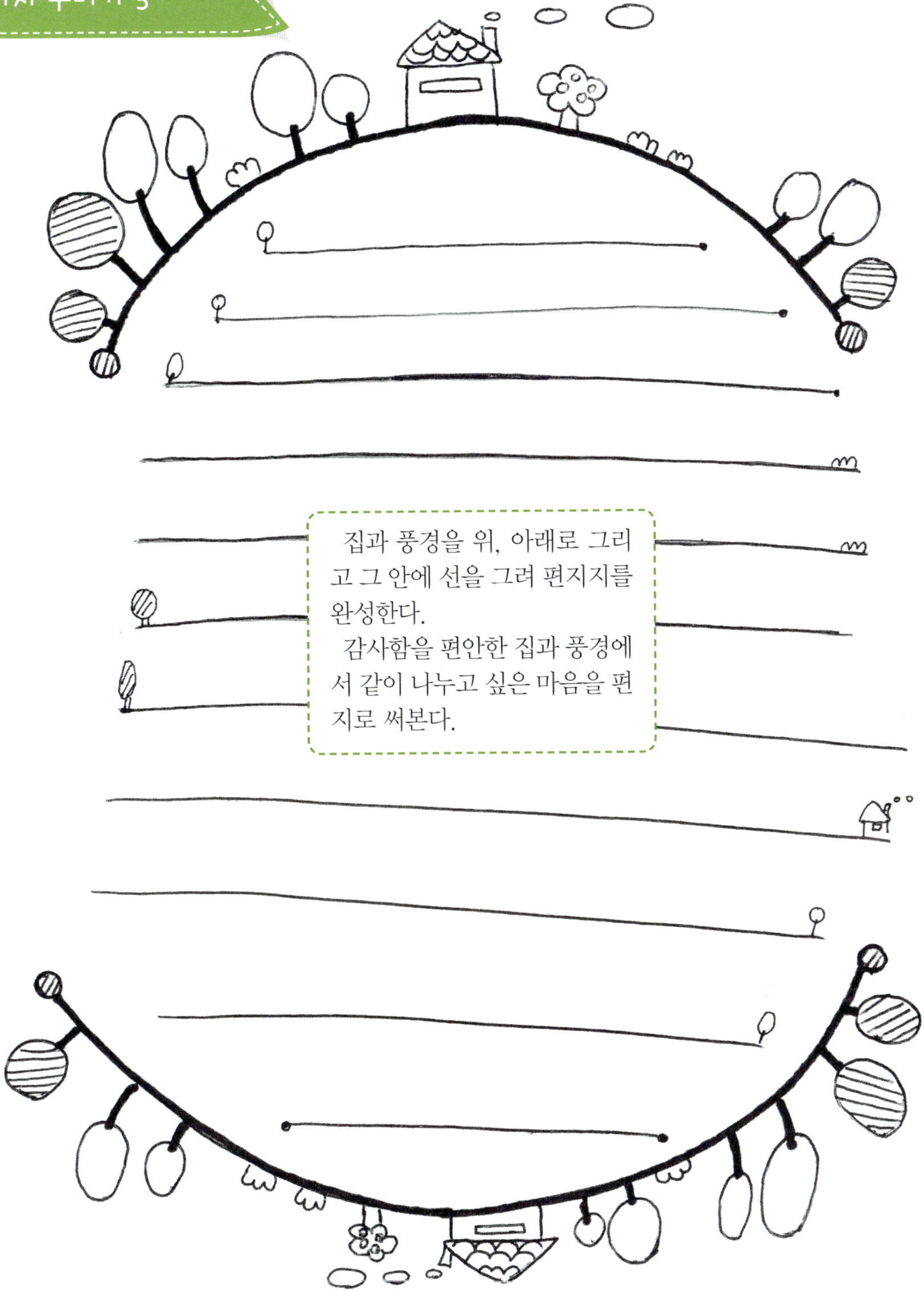

집과 풍경을 위, 아래로 그리고 그 안에 선을 그려 편지지를 완성한다.

감사함을 편안한 집과 풍경에서 같이 나누고 싶은 마음을 편지로 써본다.

04 꽃과 요정

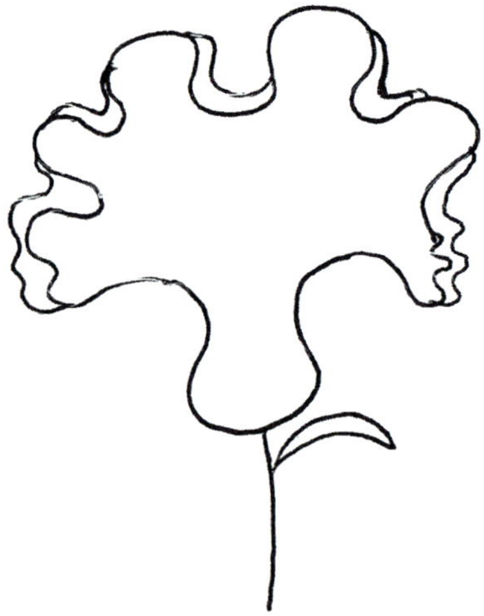

1. 꽃을 그린다.

2. 요정의 얼굴을 그린다.

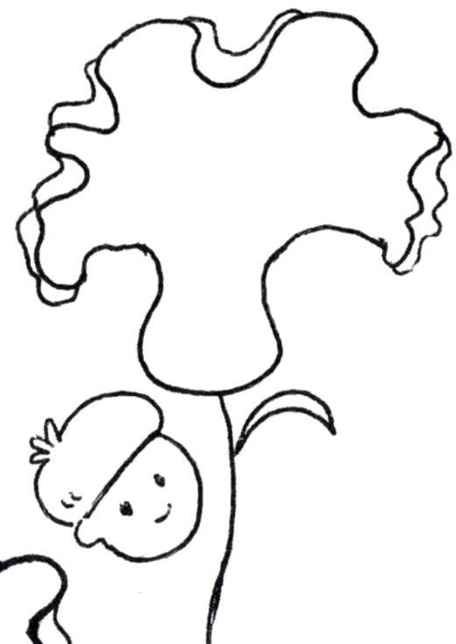

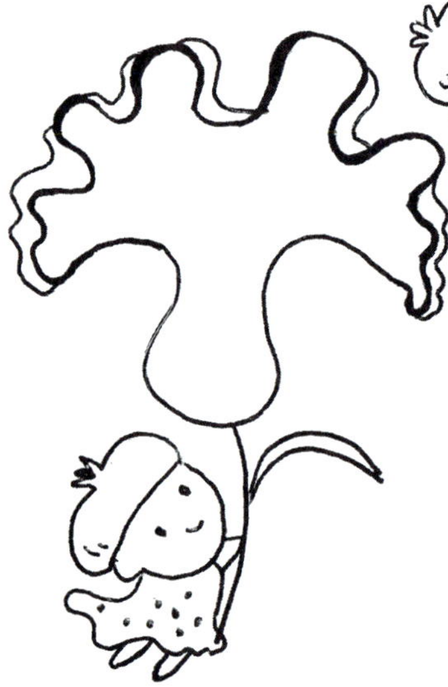

3. 요정의 몸을 그려 완성한다.

편지지 꾸미기 4

하단에 요정이 꽃을 들고 있는 모습을 그린다. 꽃잎을 크게 그리고 선을 그려 편지지를 완성한다.

감사한 마음을 꽃과 요정으로 표현한 후 편지를 써본다.

01 집

1. 집을 그린다.

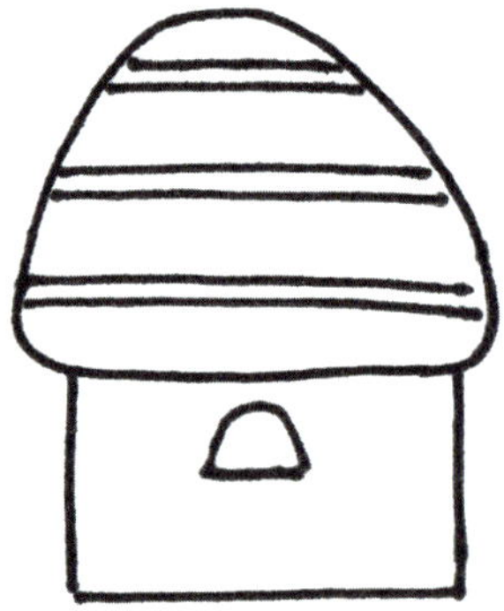

2. 집 옆에 또 다른 집을 그린다.

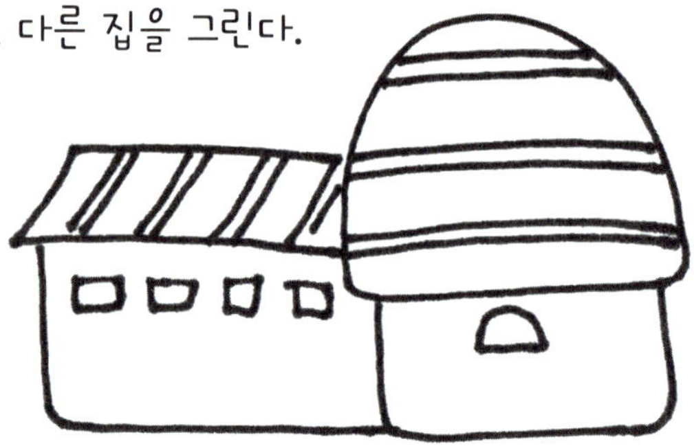

3. 집 주변에 나무를 그려 완성한다.

편지지 꾸미기 1

집과 나무를 하단에 그리고 구름을 위에 장식한 후 그 안에 선을 그려 편지지를 완성한다.

부모님을 생각하면서 편지를 써 본다.

02 카네이션

1. 카네이션 꽃잎을 그린다.

2. 꽃잎을 여러 장 그린다.

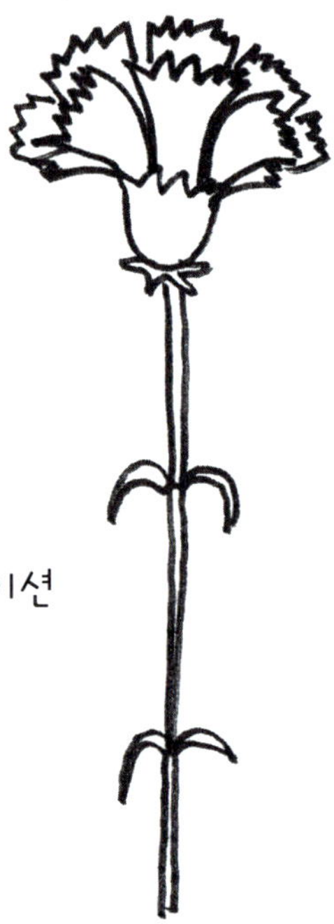

3. 줄기와 잎을 그려 카네이션을 완성한다.

편지지 꾸미기 2

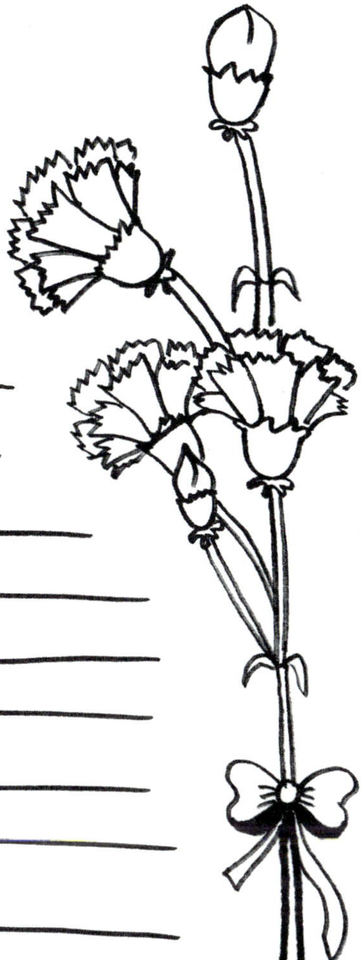

카네이션 다발을 오른쪽에 그리고 왼쪽에 선을 그려 편지지를 완성한다.

부모님께 감사한 마음을 카네이션 꽃에 담아 편지를 써본다.

03 물고기

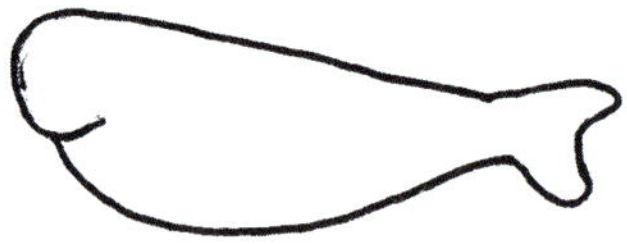

1. 물고기의 윤곽을 그린다.

2. 눈과 아가미, 지느러미를 그린다.

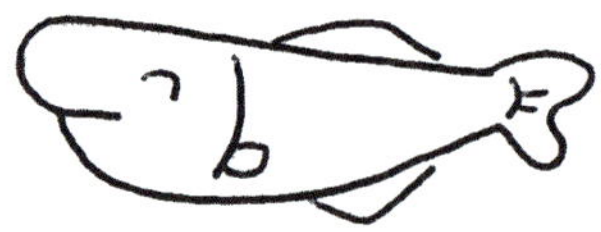

3. 여러 마리의 물고기를 그려 완성한다.

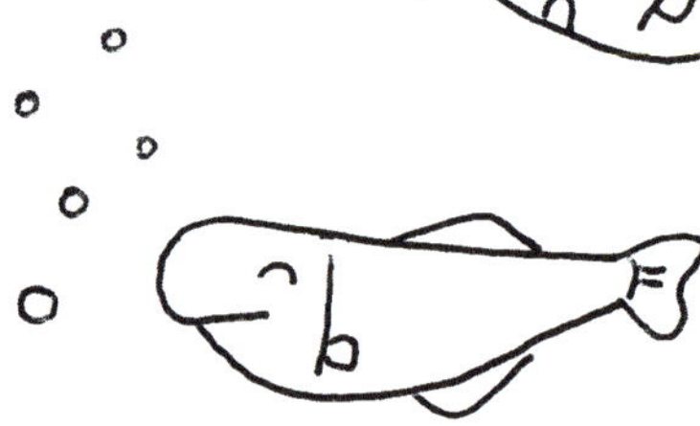

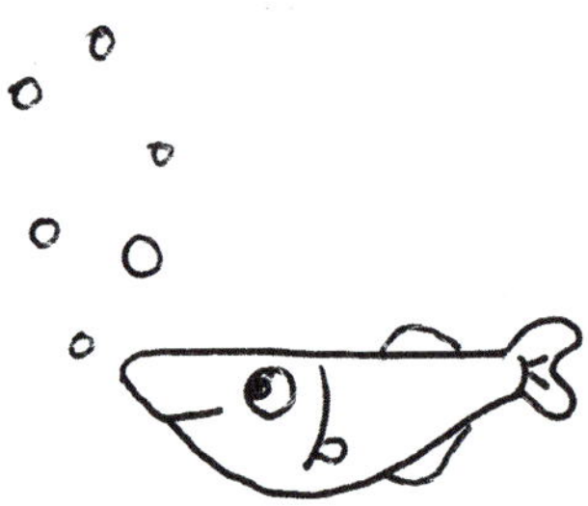

편지지 꾸미기 3

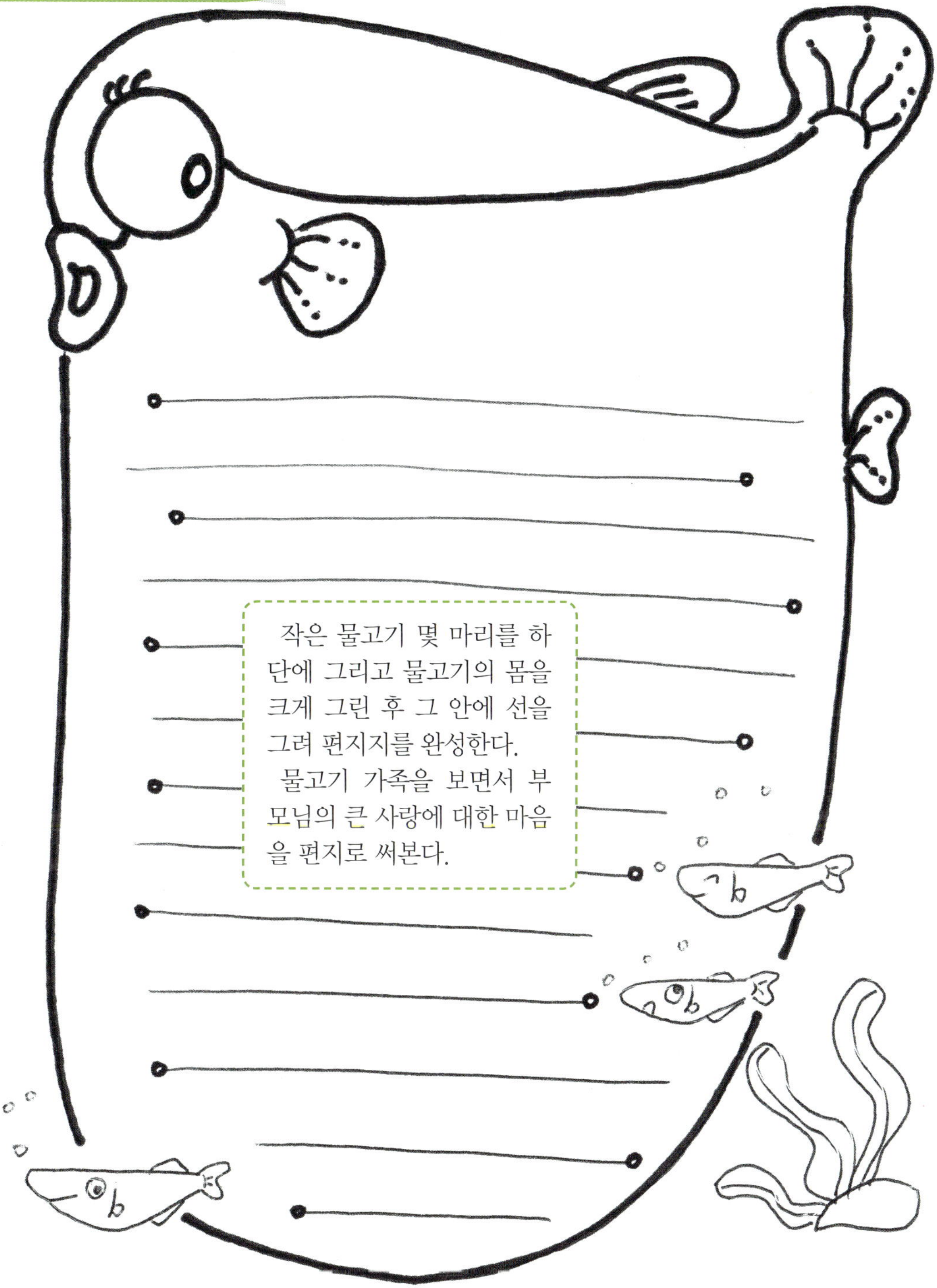

작은 물고기 몇 마리를 하단에 그리고 물고기의 몸을 크게 그린 후 그 안에 선을 그려 편지지를 완성한다.

물고기 가족을 보면서 부모님의 큰 사랑에 대한 마음을 편지로 써본다.

04 새

1. 어미새의 얼굴을 그린다.

2. 몸과 날개를 그린다.

3. 다리와 먹이를 그려 완성한다.

편지지 꾸미기 4

아기새와 어미새를 그리고 새 둥지를 크게 그린 후 그 안에 선을 그려 편지지를 완성한다.

어미새가 아기새들에게 먹이를 나누어 주는 모습을 보면서 부모님께 편지를 써본다.

05 화단과 창문

1. 창문을 그린다.

2. 화단을 그린다.

3. 나무와 꽃을 그려 완성한다.

편지지 꾸미기 5

하단에 화단과 나무를 그리고 외곽선을 집 모양으로 그린다. 그 안에 선을 그려 편지지를 완성한다.

화단을 가꾸는 부모님을 생각하면서 편지를 써본다.

01 노래하는 새

1. 새의 얼굴을 그린다.

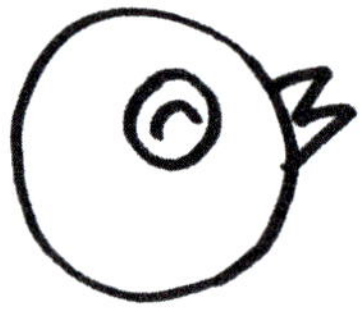

2. 몸통과 날개를 그린다.

3. 꼬리와 음표를 그려 완성한다.

편지지 꾸미기 1

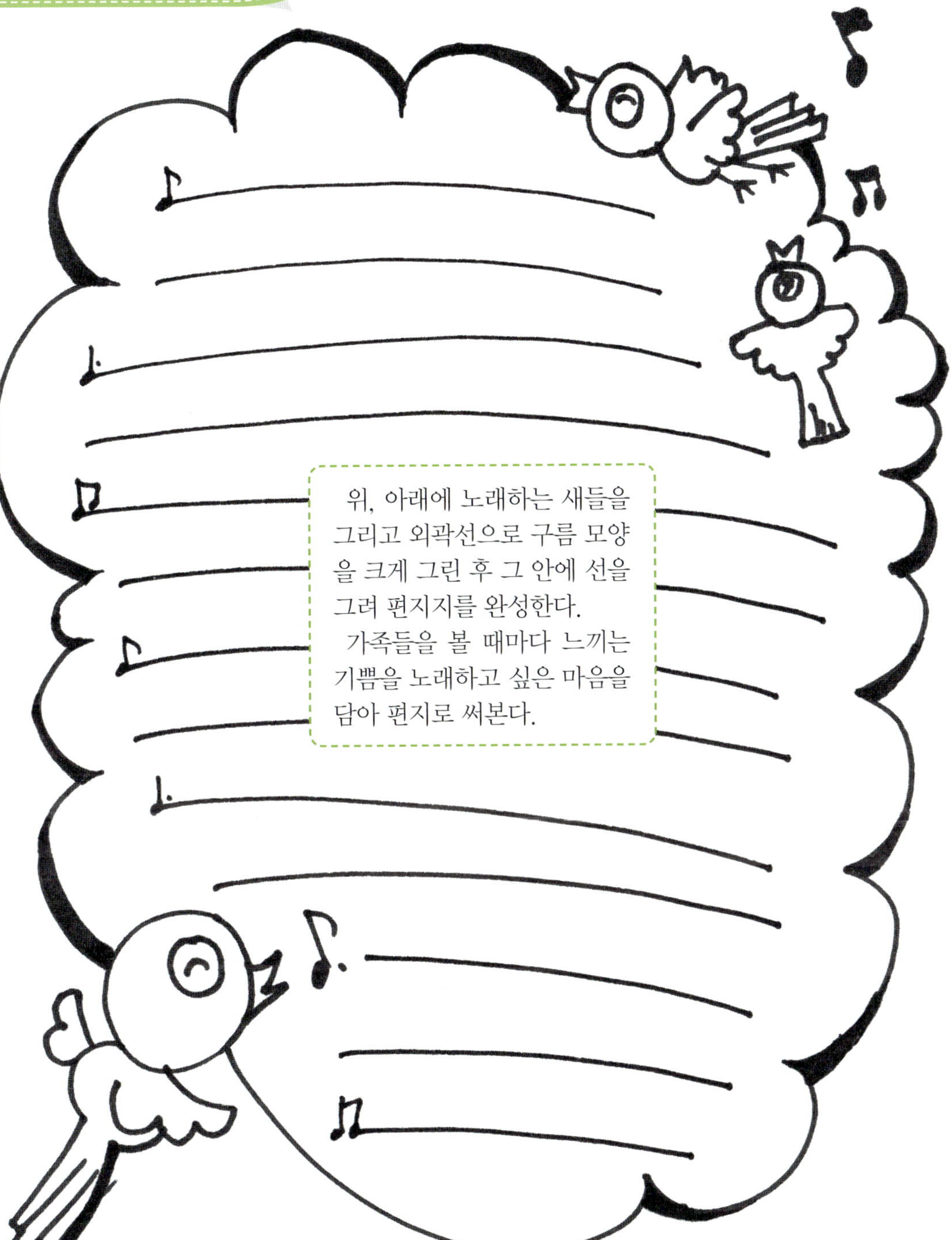

위, 아래에 노래하는 새들을 그리고 외곽선으로 구름 모양을 크게 그린 후 그 안에 선을 그려 편지지를 완성한다.

가족들을 볼 때마다 느끼는 기쁨을 노래하고 싶은 마음을 담아 편지로 써본다.

02 달팽이

1. 달팽이의 얼굴을 그린다.

2. 달팽이의 몸을 그린다.

3. 달팽이 무늬를 그려 완성한다.

편지지 꾸미기 2

달팽이 가족을 그리고 무지개 선을 그려 편지지를 완성한다.

가족이 함께 모이는 즐거움을 편지로 써본다.

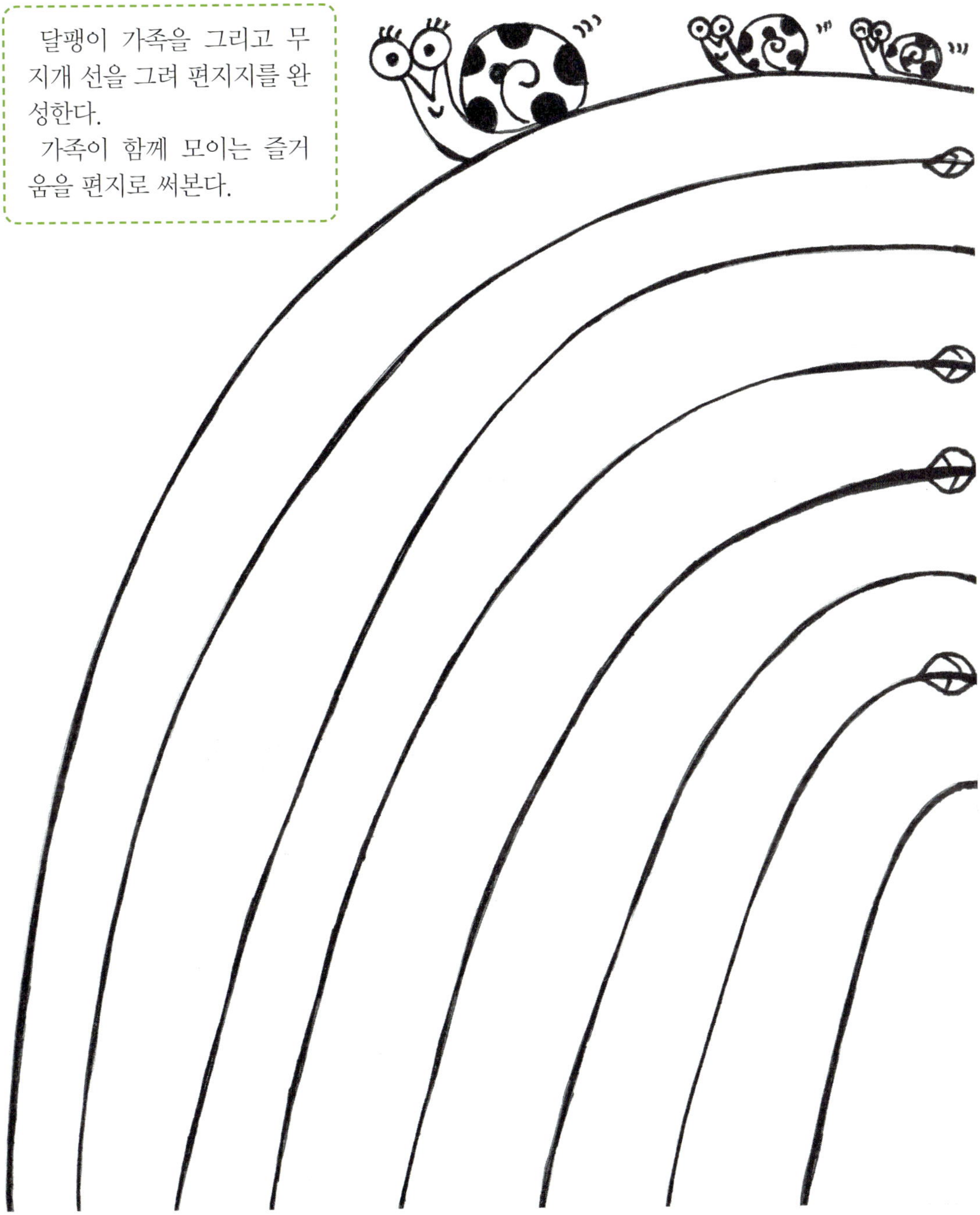

03 고양이와 기구

1. 고양이 얼굴을 그린다.

2. 고양이 팔을 그린다.

3. 고양이 뒤에 기구를 그려 그림을 완성한다.

편지지 꾸미기 3

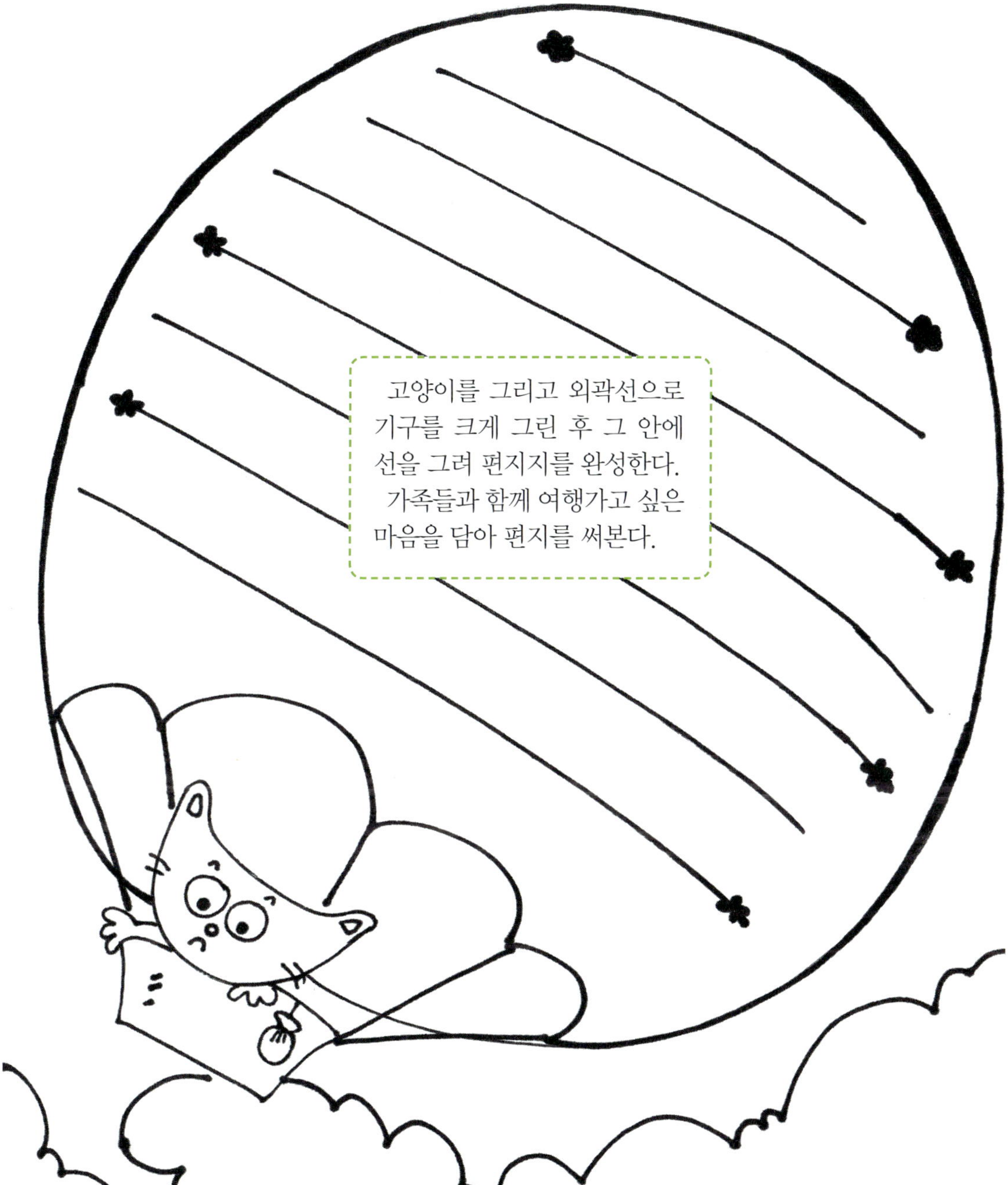

고양이를 그리고 외곽선으로 기구를 크게 그린 후 그 안에 선을 그려 편지지를 완성한다.

가족들과 함께 여행가고 싶은 마음을 담아 편지를 써본다.

04 난로

1. 난로의 몸체를 그린다.

2. 그 위에 주전자를 그린다.

3. 난로 옆에 앉아 있는 여자 아이를 그려 완성한다.

편지지 꾸미기 4

난로와 여자 아이를 그리고 주전자에서 나오는 수증기를 크게 그린 후 그 안에 선을 그려 편지지를 완성한다.

따뜻한 방안에서 가족들과 함께 이야기를 나누고 싶은 마음을 편지로 써본다.

05 죽순

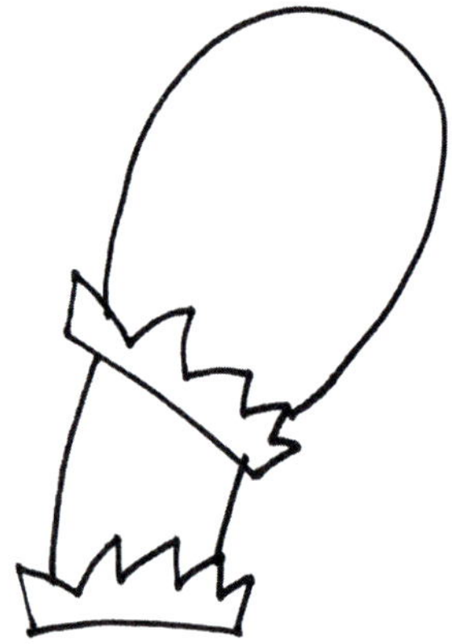

1. 타원과 네모를 이용해서 죽순을 그린다.

2. 죽순의 표정을 그린다.

3. 팔을 그리고 죽순을 하나 더 그려 완성한다.

편지지 꾸미기 5

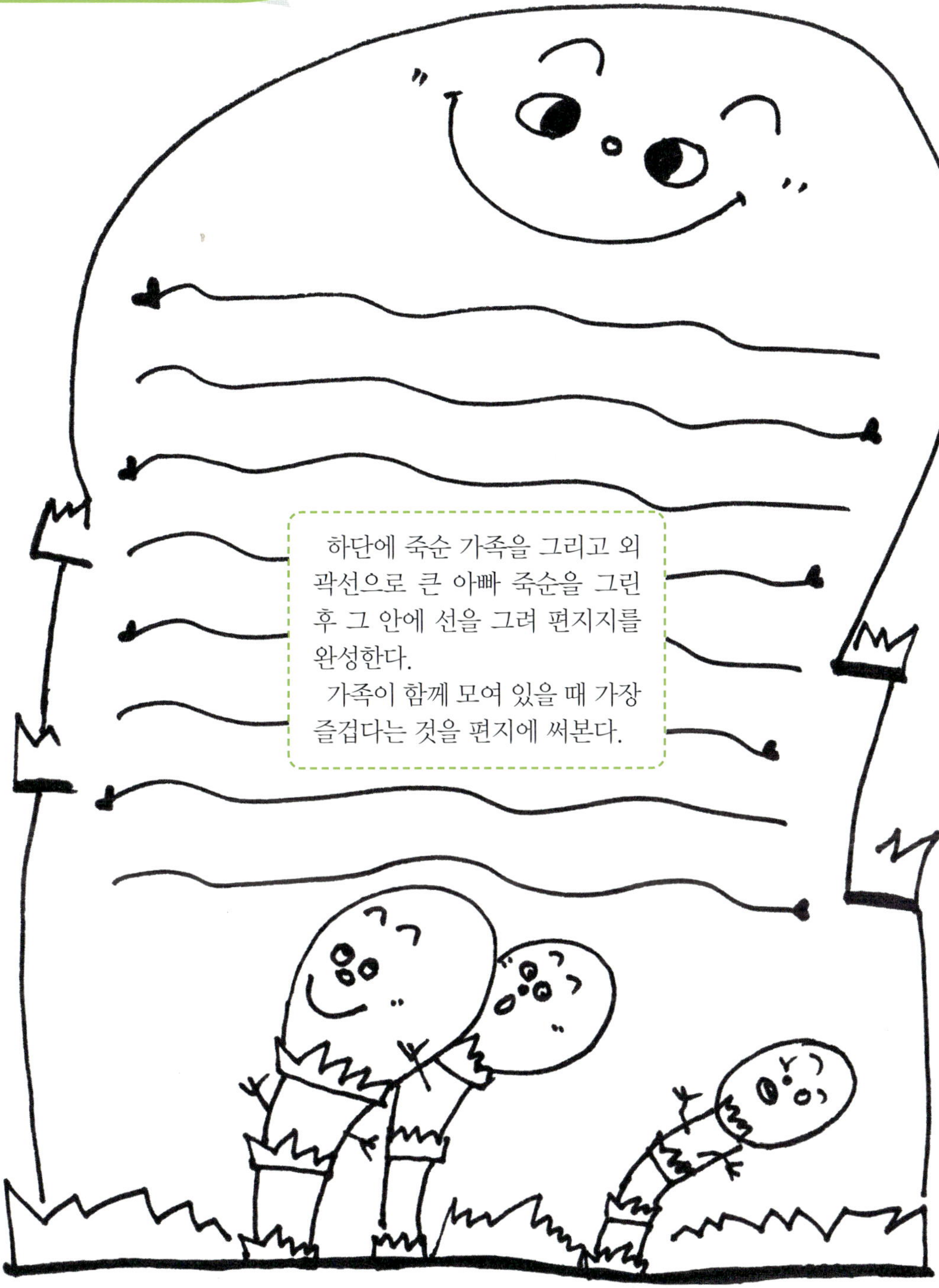

하단에 죽순 가족을 그리고 외곽선으로 큰 아빠 죽순을 그린 후 그 안에 선을 그려 편지지를 완성한다.

가족이 함께 모여 있을 때 가장 즐겁다는 것을 편지에 써본다.

01 나뭇잎 1

1. 나뭇잎 모양의 외곽선을 그린다.

2. 나뭇잎 안에 잎맥을 그린다.

3. 나뭇잎을 하나 더 그려 완성한다.

편지지 꾸미기 1

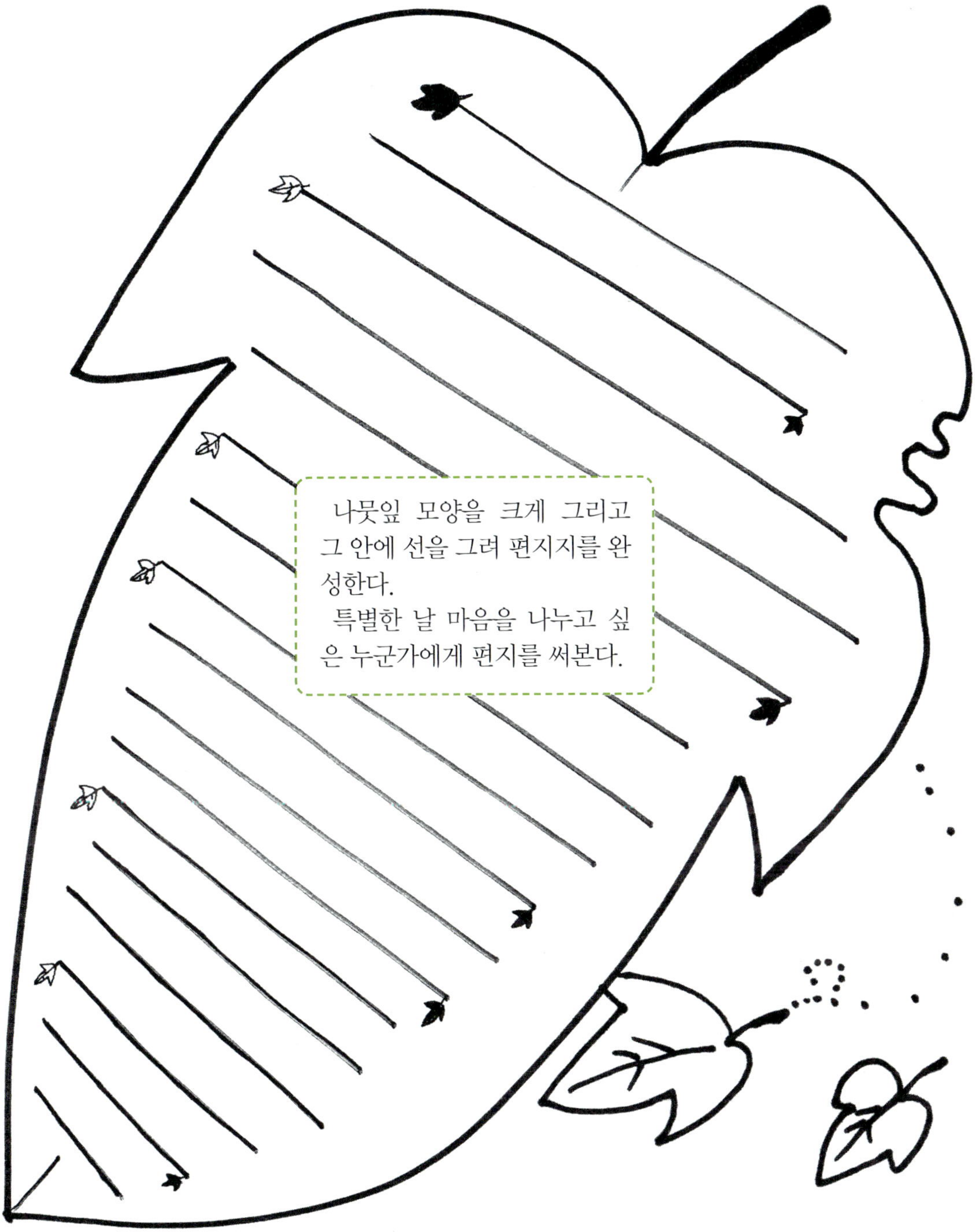

나뭇잎 모양을 크게 그리고 그 안에 선을 그려 편지지를 완성한다.

특별한 날 마음을 나누고 싶은 누군가에게 편지를 써본다.

02 산타 할아버지

1. 산타 할아버지의 얼굴과 모자를 그린다.

2. 산타 할아버지의 몸통과 팔을 그린다.

3. 산타 할아버지의 다리와 선물 꾸러미, 썰매를 그려 완성한다.

편지지 꾸미기 2

산타 할아버지와 썰매, 루돌프를 그리고 외곽선으로 큰 트리를 그린 후 그 안에 선을 그려 편지지를 완성한다.

즐겁고 특별한 크리스마스에 마음을 담아 편지를 써본다.

03 물감

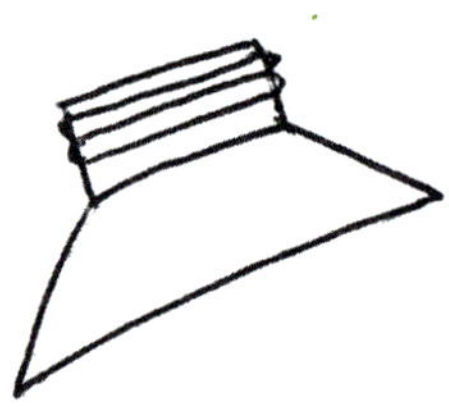

1. 물감의 윗부분을 그린다.

2. 물감의 중간 부분을 그린다.

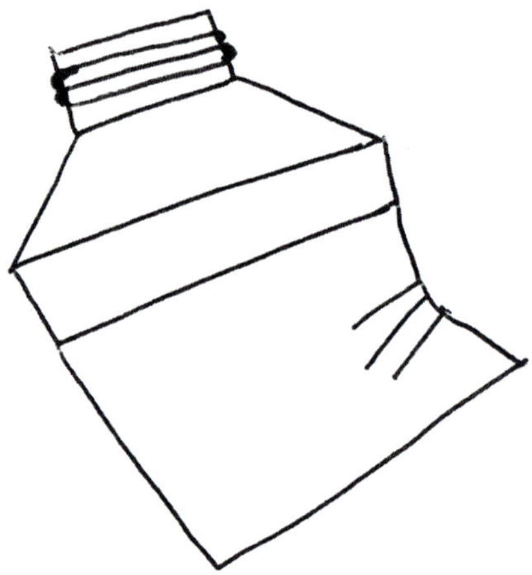

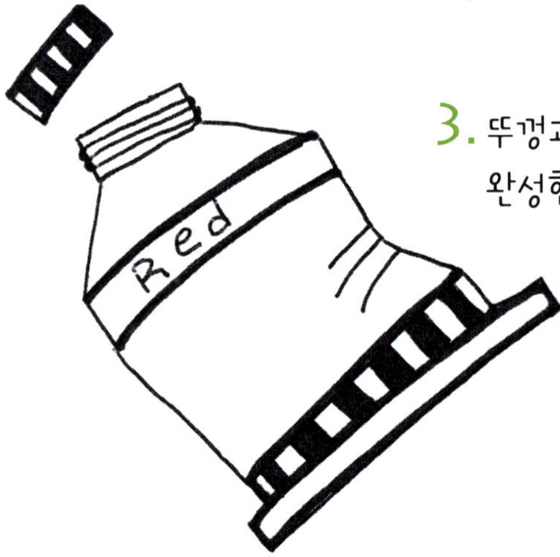

3. 뚜껑과 무늬를 그려 물감을 완성한다.

편지지 꾸미기 3

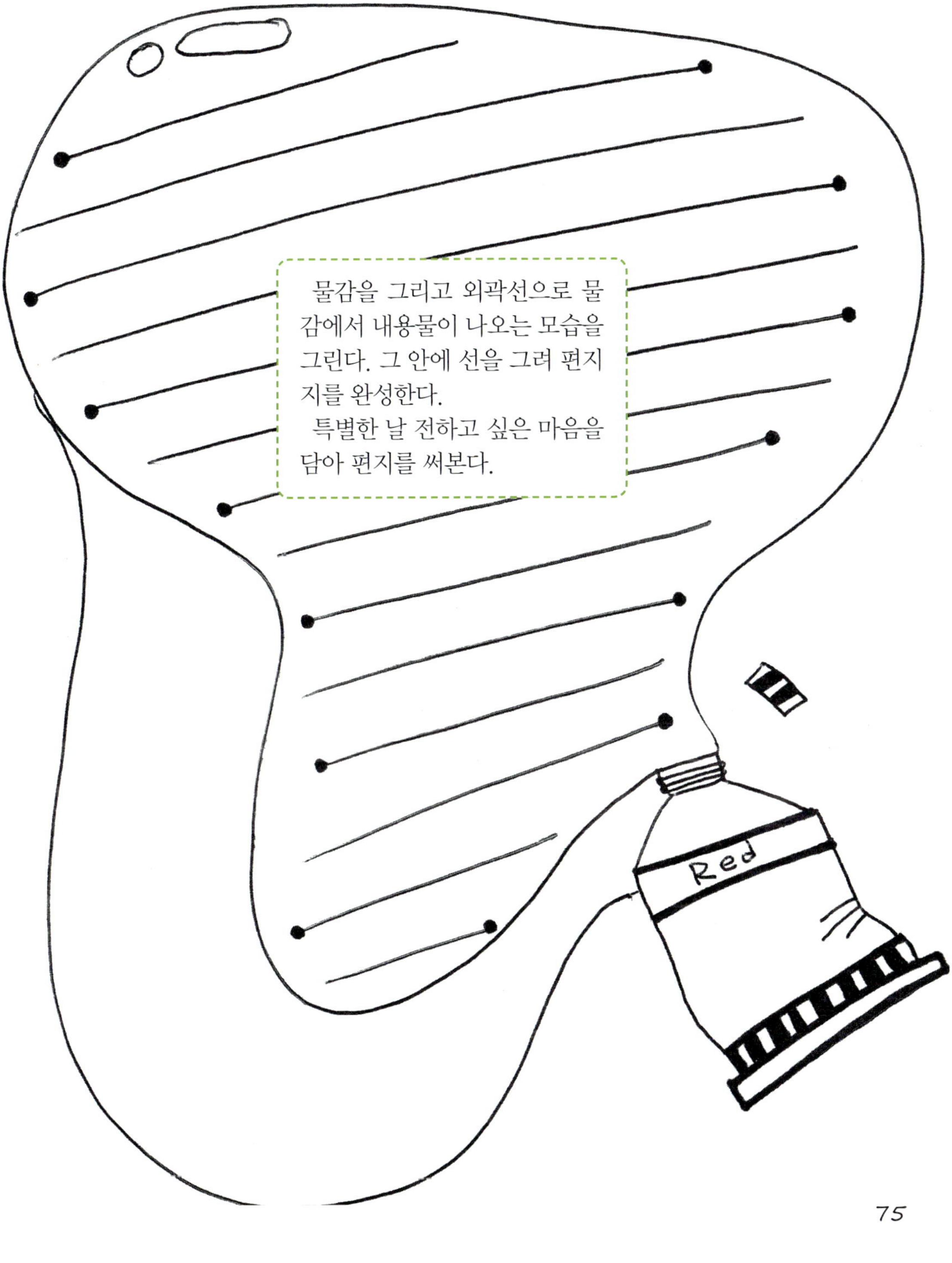

물감을 그리고 외곽선으로 물감에서 내용물이 나오는 모습을 그린다. 그 안에 선을 그려 편지지를 완성한다.

특별한 날 전하고 싶은 마음을 담아 편지를 써본다.

04 졸업장

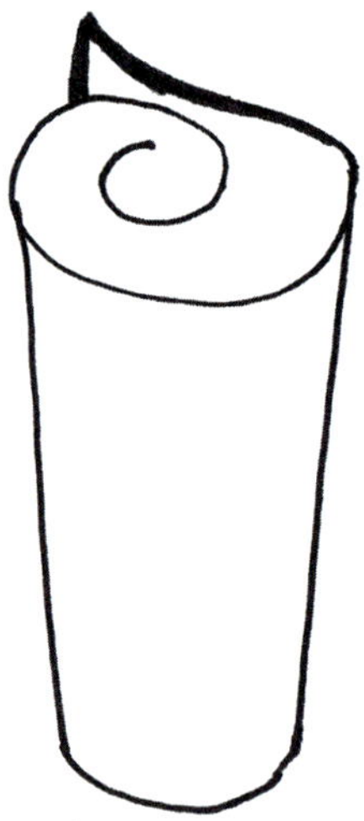

1. 긴 원기둥을 그린다.

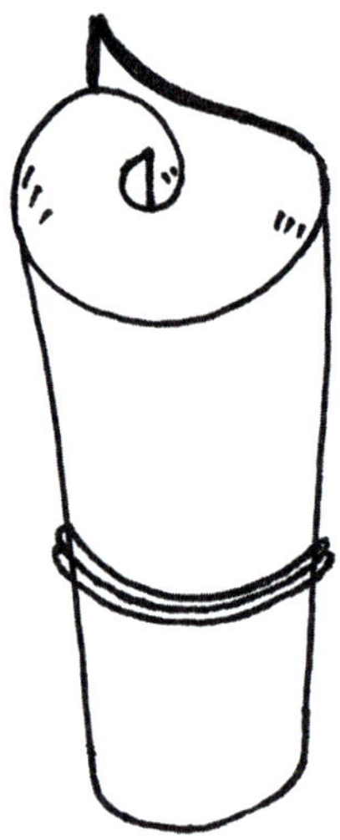

2. 중간에 줄을 그린다.

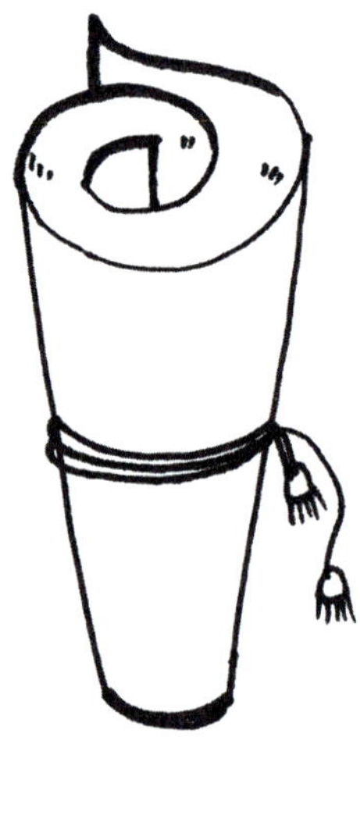

3. 줄의 타슬을 그려 졸업장을 완성한다.

편지지 꾸미기 4

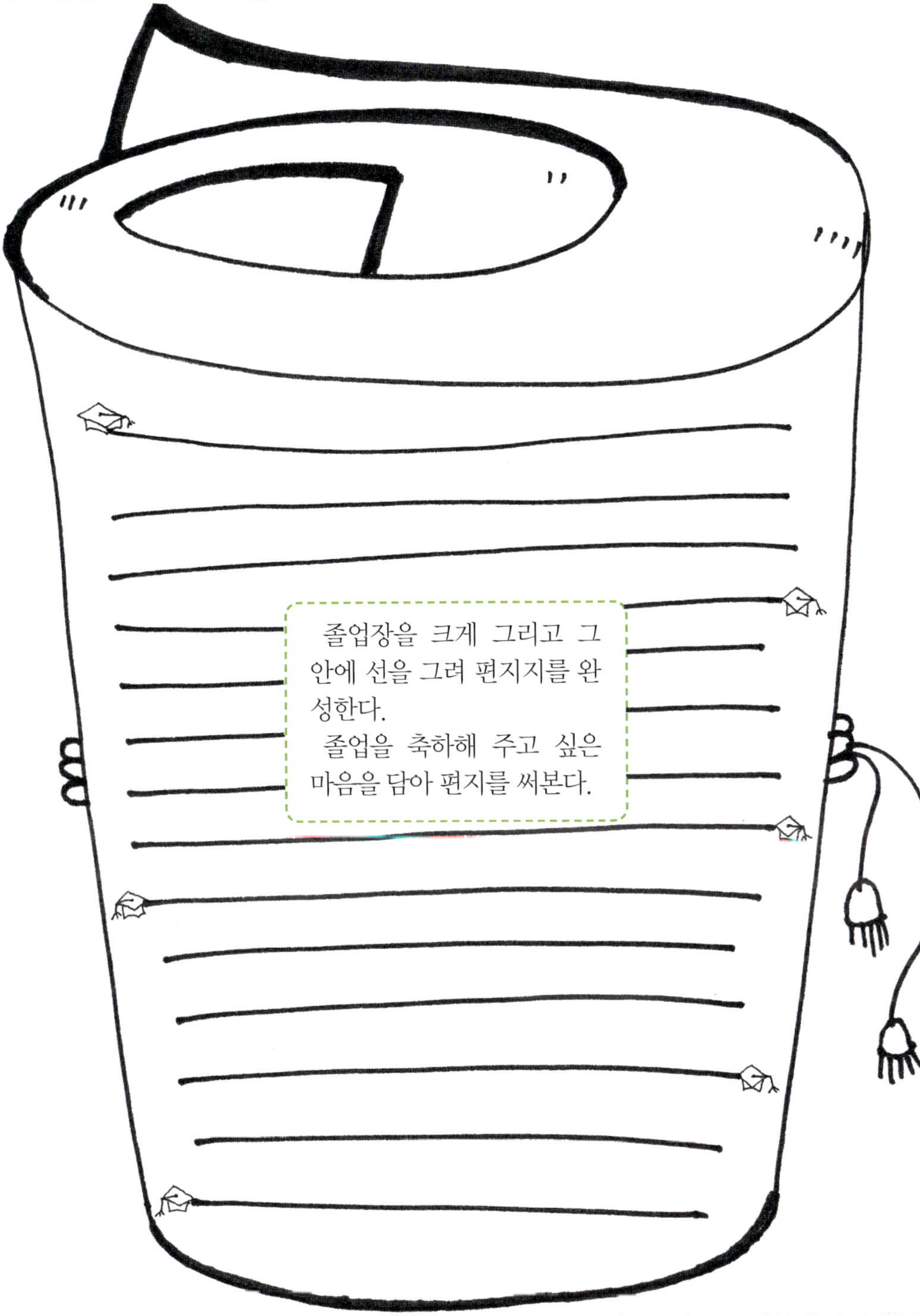

졸업장을 크게 그리고 그 안에 선을 그려 편지지를 완성한다.

졸업을 축하해 주고 싶은 마음을 담아 편지를 써본다.

05 호박 가면

1. 호박 모양을 그린다.

2. 호박 안에 눈, 코, 입을 그린다.

3. 유령을 그려 호박 가면을 완성한다.

편지지 꾸미기 5

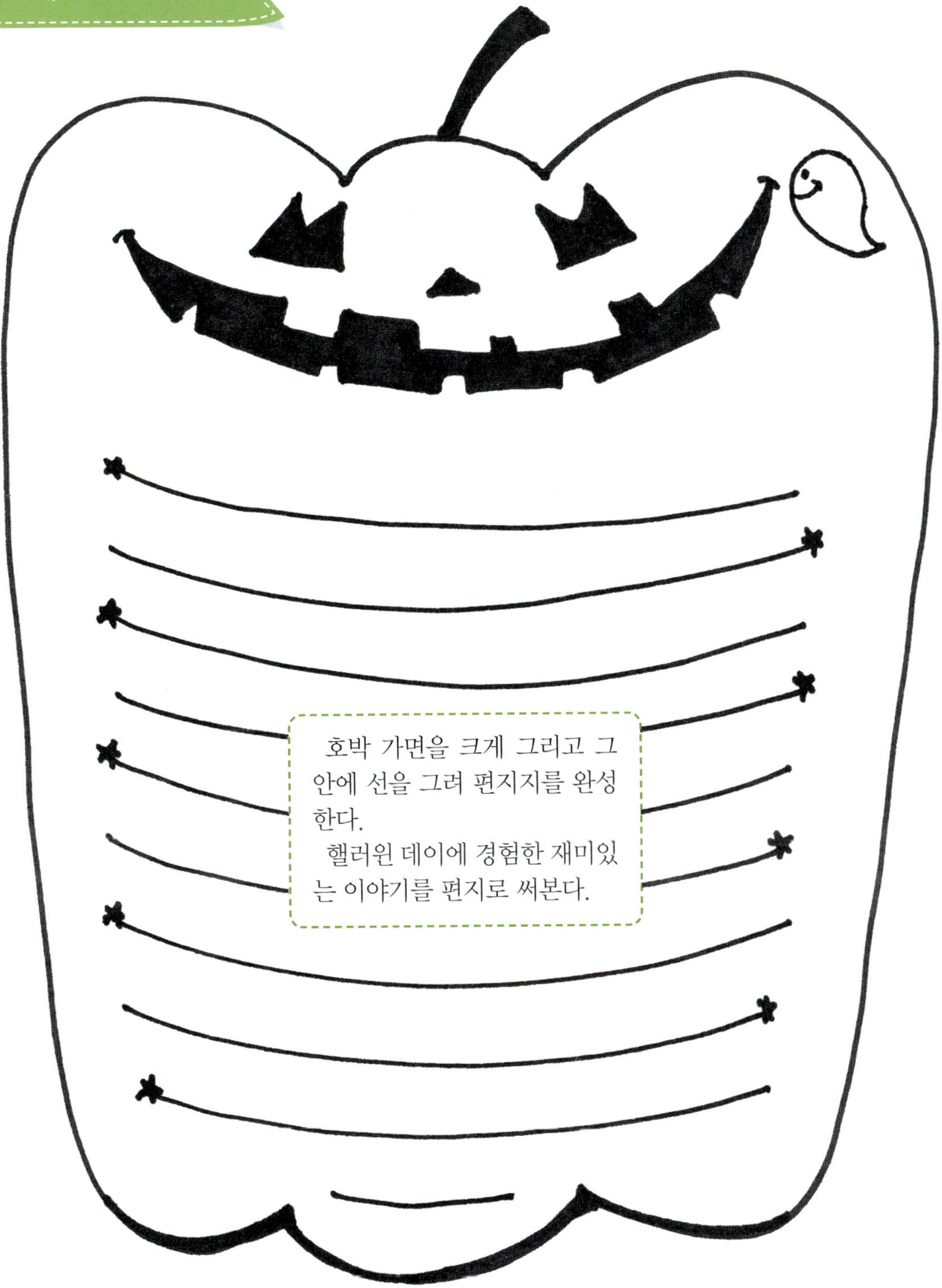

호박 가면을 크게 그리고 그 안에 선을 그려 편지지를 완성한다.

헬러윈 데이에 경험한 재미있는 이야기를 편지로 써본다.

PART 02

아름다운 사계절 손그림 꾸미기

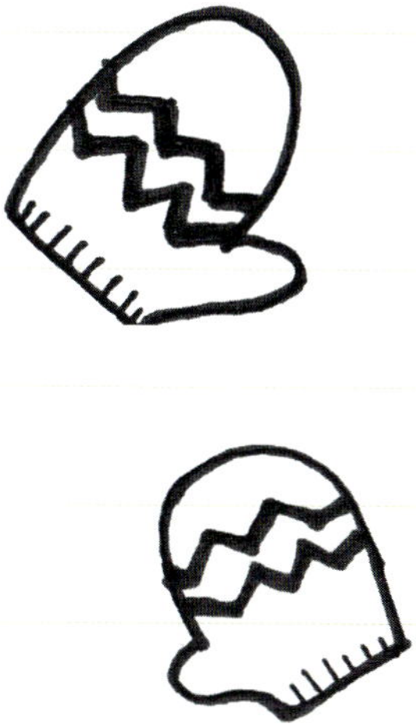

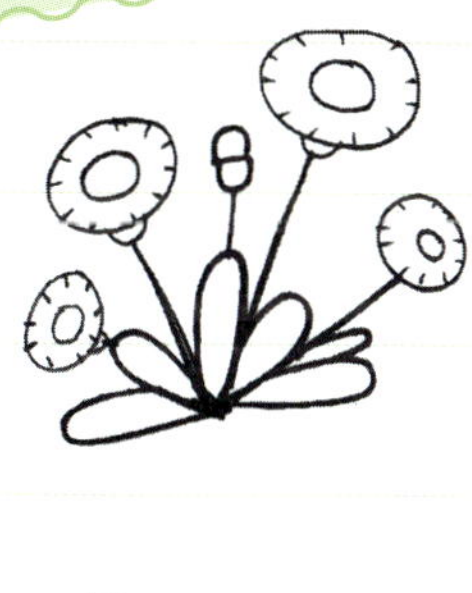

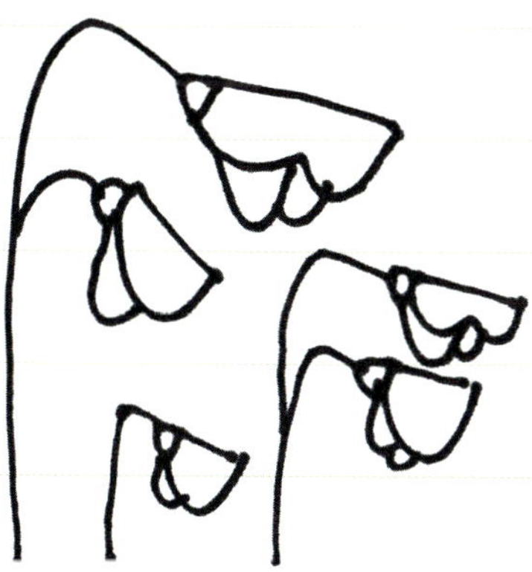

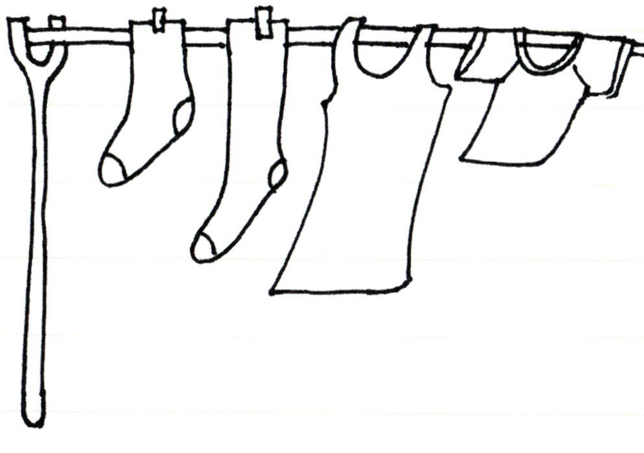

spring 01

벚꽃

1. 벚꽃 모양을 그린다.

2. 벚꽃 술을 그린다.

3. 나무에 꽃이 핀 모습을 그려 완성한다.

수선화

1. 꽃술 모양을 그린다.

2. 수선화 꽃잎 모양을 그린다.

3. 줄기와 잎을 그려 수선화를 완성한다.

4. 여러 송이의 수선화를 그려 수선화 꽃밭을 완성한다.

봄꽃들

1. 타원을 이용해서 민들레 꽃을 그린다.

2. 네모를 이용해서 팬지 꽃을 그린다.

3. 작은 꽃들이 함께 피는 히아신스를 그린다.

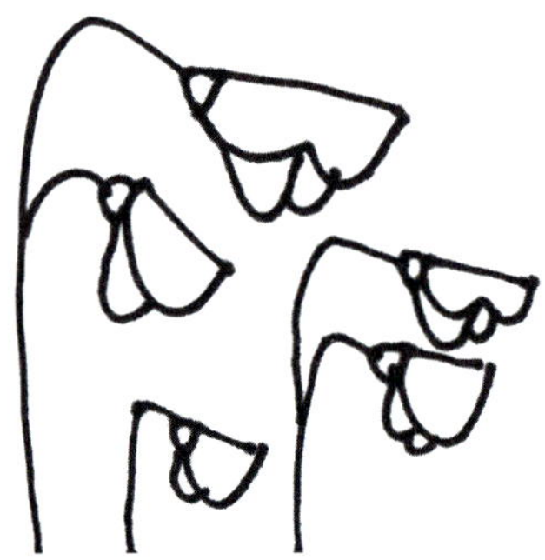

spring 04

봄 소풍

1. 얼굴을 그린다.

2. 몸통과 팔을 그린다.

3. 다리를 그린다.

4. 가방을 그려 소풍 준비하는 아이를 완성한다.

5. 친구와 함께 온 봄 소풍의 모습을 그린다.

여름 옷과 태양

1. 짧은 양말을 그린다.

2. 장대와 긴 양말을 그린다.

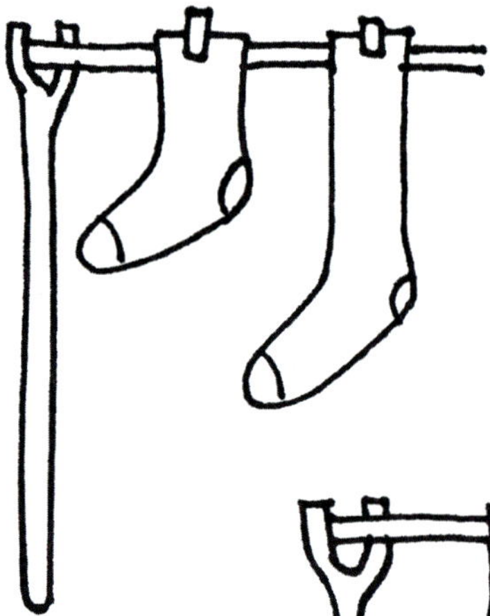

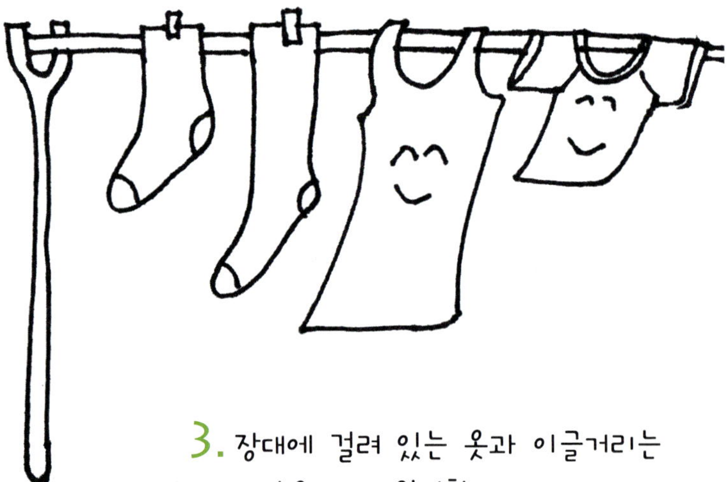

3. 장대에 걸려 있는 옷과 이글거리는 태양을 그려 완성한다.

수영하는 모습

1. 동그라미를 그려 얼굴을 그린다.

2. 몸통을 그린다.

3. 양팔을 그린다.

4. 아이들의 수영하는 모습을 그려 완성한다.

곤충 채집

1. 얼굴과 몸통을 그린다.

3. 머리와 막대를 그린다.

2. 팔과 모자를 그린다.

4. 다리와 곤충 채집 도구를 그린다.

5. 여름 방학에 산과 들에서 신나고 재미있는 곤충 채집하는 모습을 그려 완성한다.

넙치

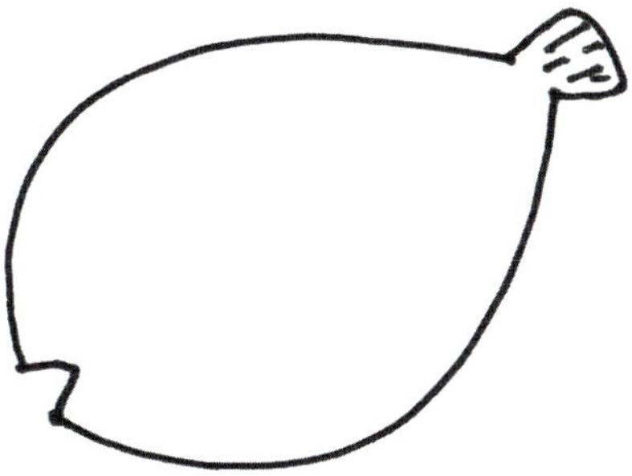

1. 타원을 이용하여 넙치의 외곽선을 그린다.

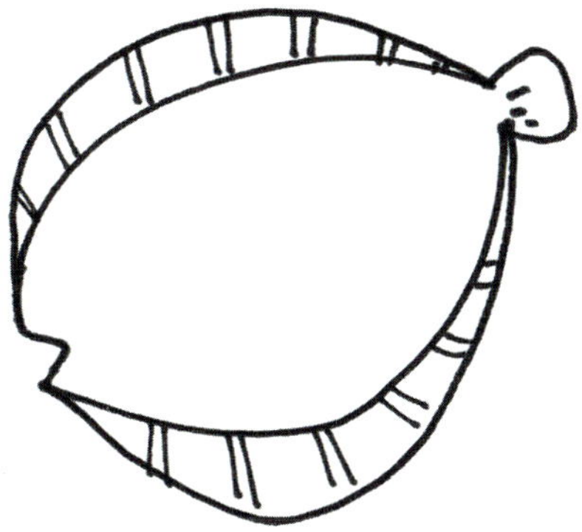

2. 양옆에 지느러미를 그린다.

3. 눈과 아가미를 그린 후 주변에 두 마리를 더 그려 완성한다.

오징어와 문어

1. 문어 얼굴의 외곽선을 그린다.

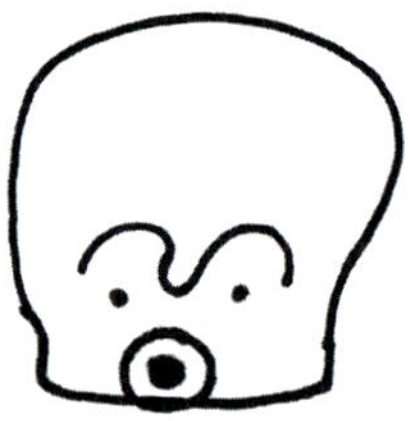

2. 눈과 입을 그린다.

3. 다리를 그려 문어를 완성하고, 그 옆에 오징어와 바다 생물을 그려 완성한다.

autumn 01

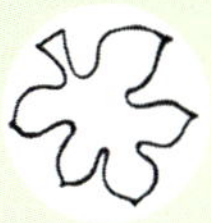

단풍잎

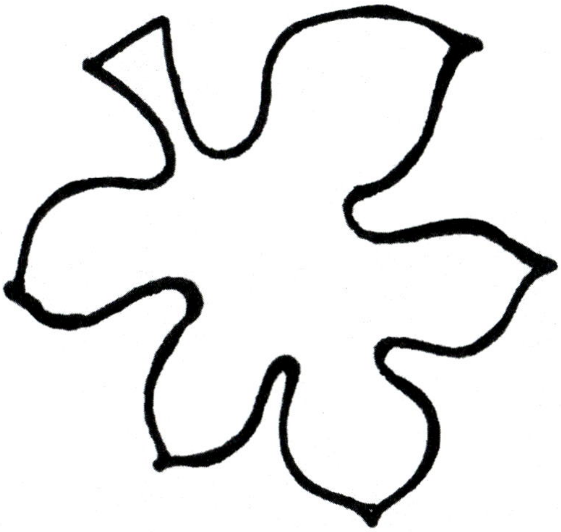

1. 단풍잎을 그린다.

2. 단풍잎 잎맥을 그린다.

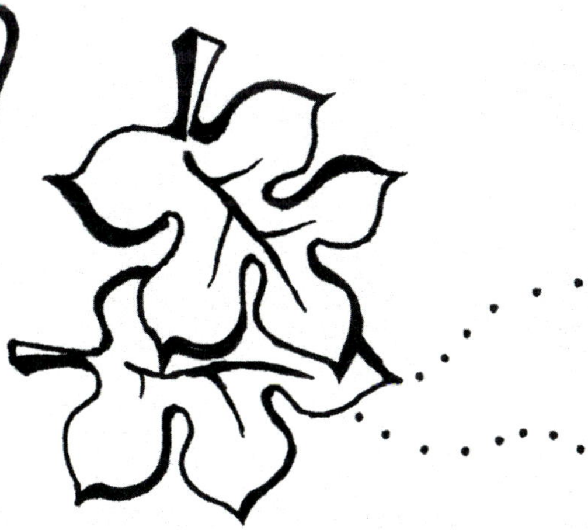

3. 단풍잎을 하나 더 그려 완성한다.

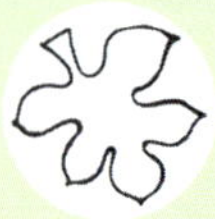

감나무

1. 감 꼭지를 그린다.

2. 감 모양을 그린다.

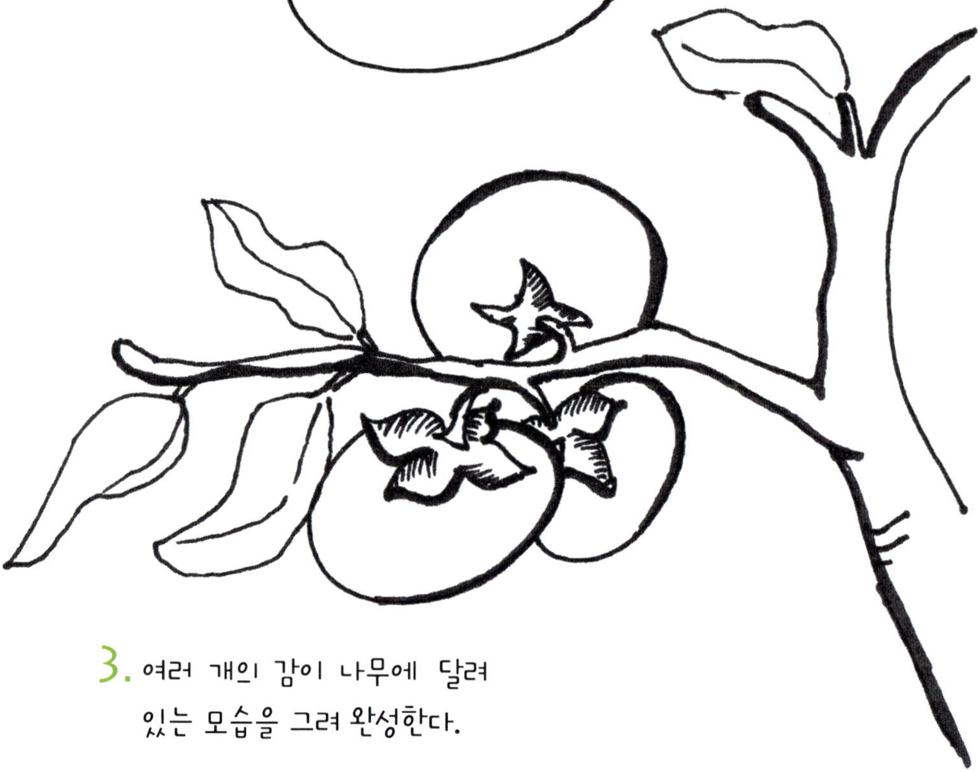

3. 여러 개의 감이 나무에 달려 있는 모습을 그려 완성한다.

벼

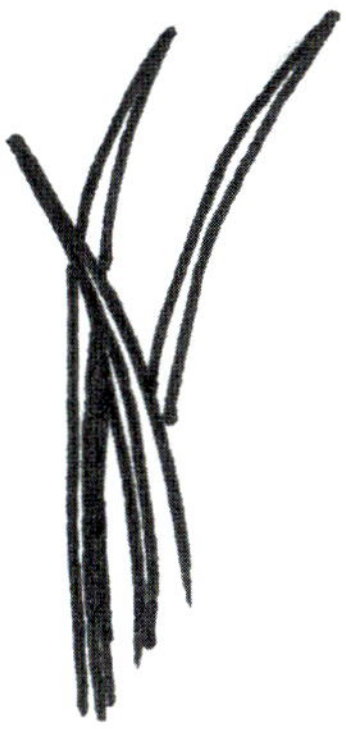

1. 벼의 줄기를 그린다.

2. 고개 숙인 벼를 그린다.

3. 벼의 줄기와 낟알을 풍성하게 그려 완성한다.

autumn 04

단풍나무

1. 나무 기둥과 줄기를 그린다.

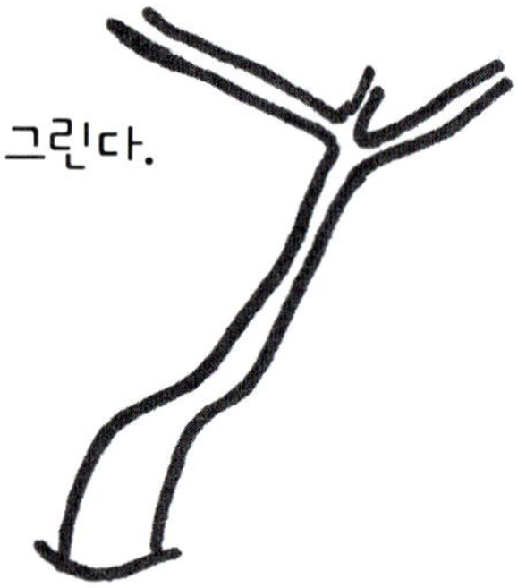

2. 단풍잎을 그린다.

3. 단풍잎을 나무에 풍성하게 그리고 울타리를 그려 완성한다.

달과 갈대

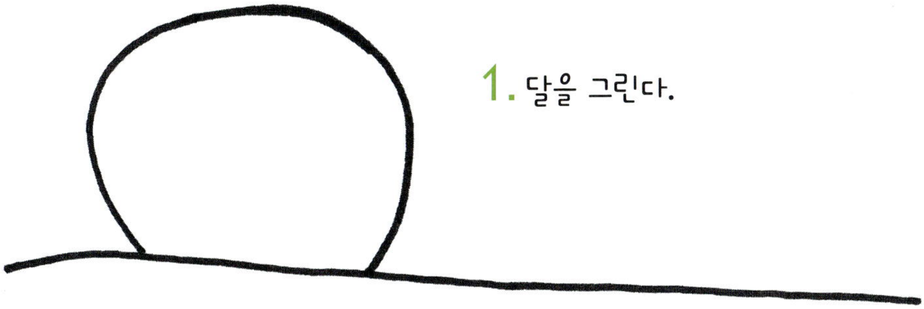

1. 달을 그린다.

2. 갈대를 그린다.

3. 선을 그리고 명암을 주어 완성한다.

털실

1. 털실을 그린다.

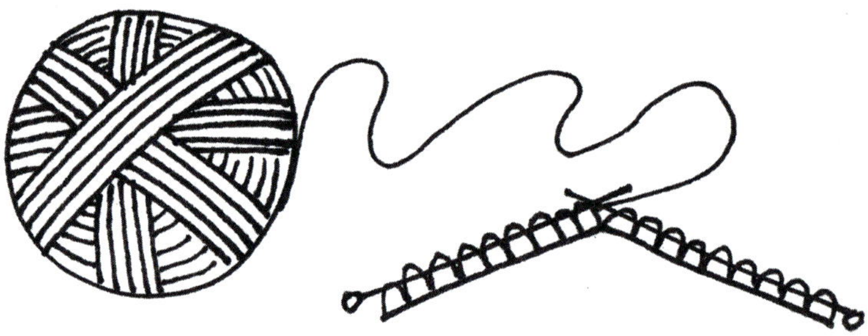

2. 털실과 대바늘을 그린다.

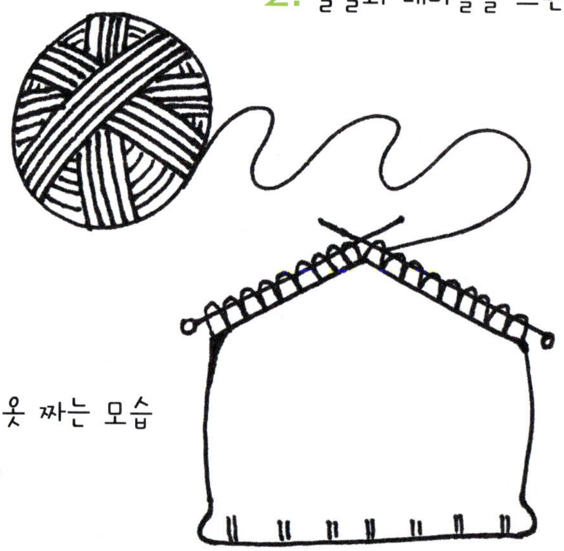

3. 털실을 이용해서 옷 짜는 모습을 그려 완성한다.

winter 02

장갑, 모자, 목도리

1. 장갑을 그린다.

2. 모자를 그린다.

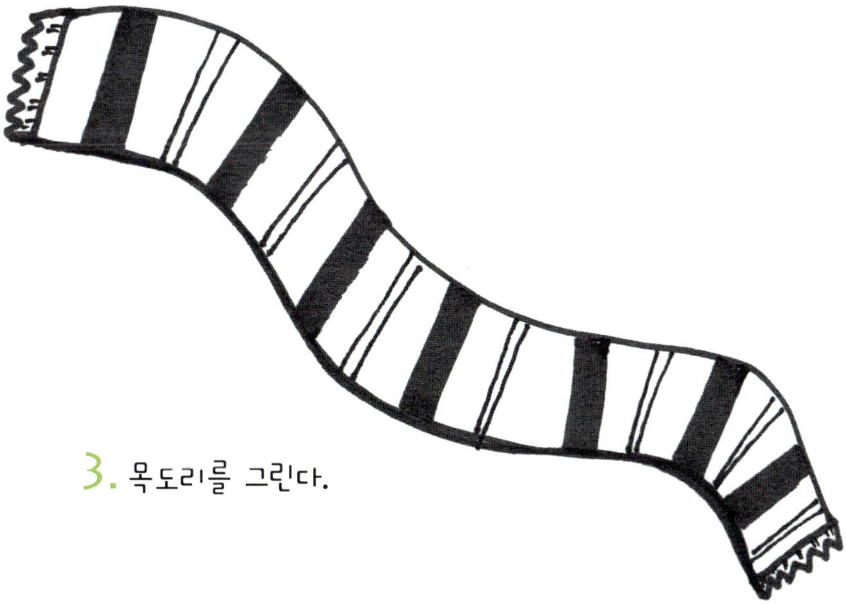

3. 목도리를 그린다.

winter 03

눈싸움 놀이

1. 모자를 그린다.

2. 얼굴과 몸통, 팔을 그린다.

3. 다리를 그려 완성한다.

4. 눈싸움하는 아이들과 눈사람을 그려 완성한다.

크리스마스 종

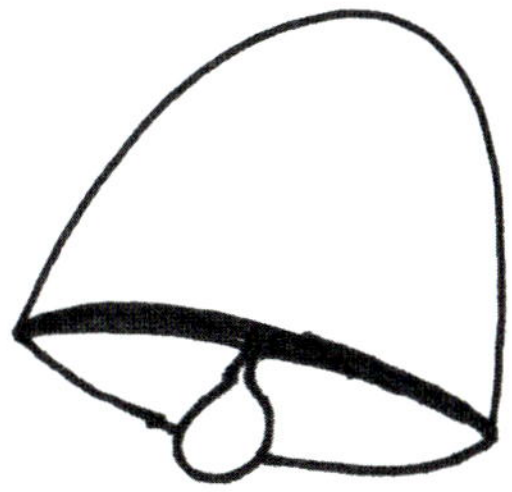

1. 종을 그린다.

2. 리본을 그린다.

3. 나뭇잎을 그려 크리스마스 종을 완성한다.

털 장화와 사탕

1. 털을 그린다.

2. 장화를 그린다.

3. 사탕을 그려 완성한다.

크리스마스 전날 밤

1. 장화의 털을 그린다. 2. 장화를 그린다. 3. 선물을 그려 완성한다.

1. 초 하나를 그린다. 2. 초 두 개를 더 그린다. 3. 촛대를 그려 완성한다.

크리스마스 전날 밤 선물을 기대하면서 자고 있는 아이를 그린다.

다이어리 꾸미기 1

벚꽃을 이용해서 배경 그림을 그리고 봄에 생각나는 글을 쓴다.

다이어리 꾸미기 2

여러 가지 봄꽃들을 이용해서 배경 그림을 그리고 꾸며 본다.

다이어리 꾸미기 3

여름 옷과 태양 그림을 이용해서 배경 그림을 그리고 꾸며본다.

다이어리 꾸미기 4

여름 들판과 곤충 채집 그림을 이용해서 배경을 그리고 꾸며본다.

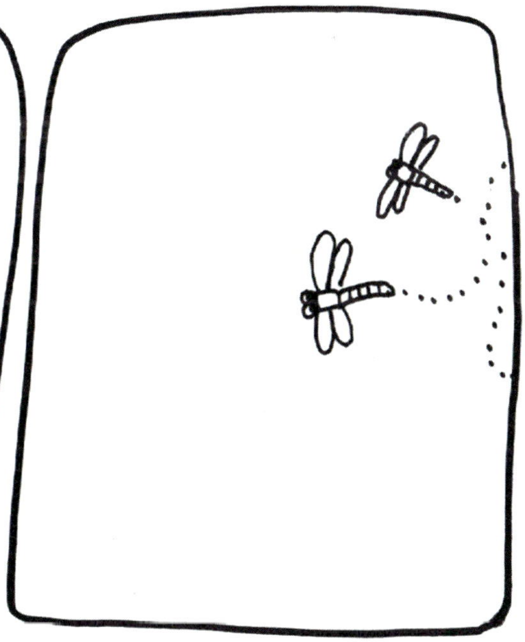

다이어리 꾸미기 5

바닷속 풍경 그림을 이용하여 배경을 꾸며본다.

다이어리 꾸미기 6

갈대와 단풍잎 그림을 이용해서 배경을 꾸미고 가을에 생각나는 글을 써본다.

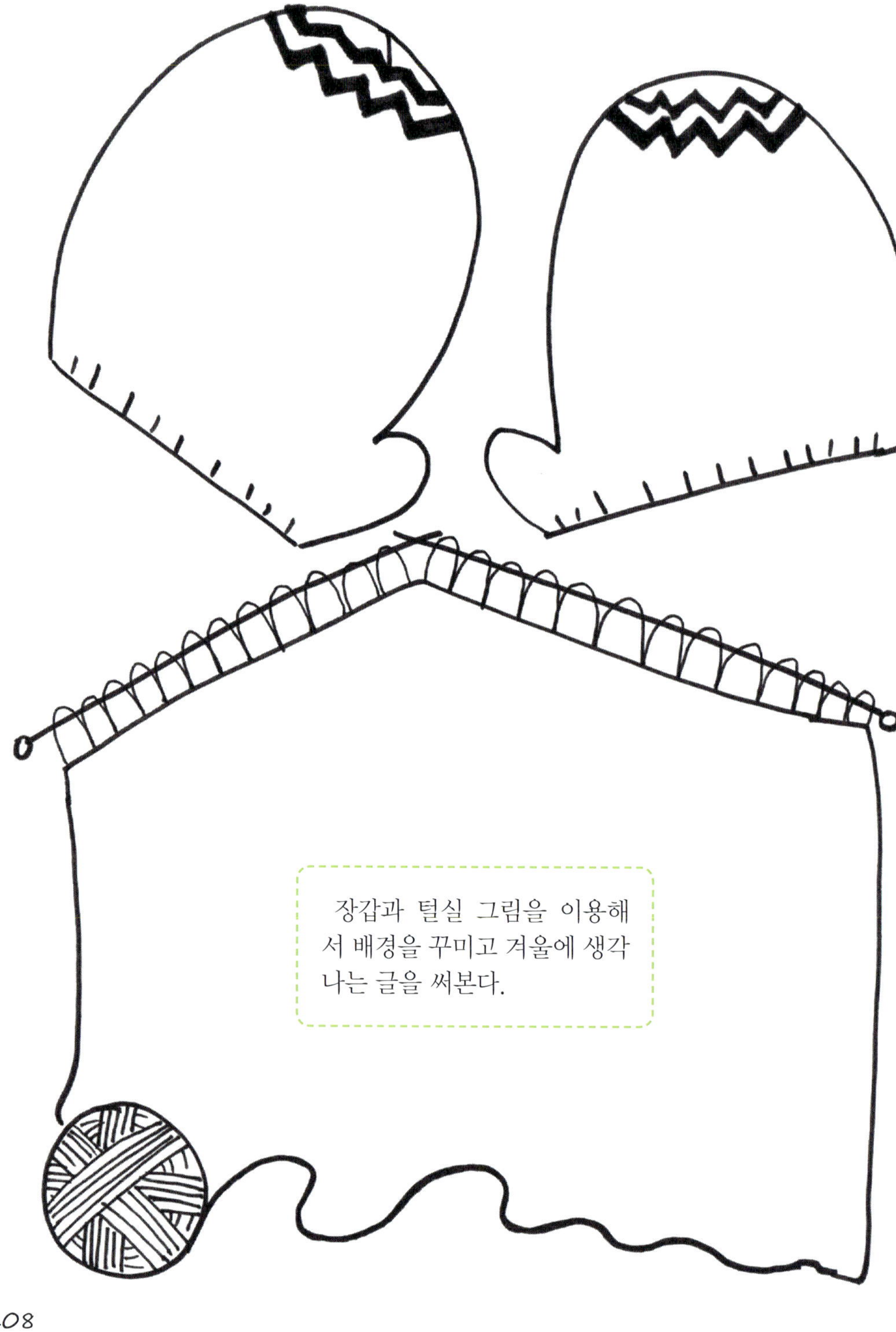

장갑과 털실 그림을 이용해서 배경을 꾸미고 겨울에 생각나는 글을 써본다.

크리스마스 장식 그림을 이용해서 배경을 꾸며본다.

PART 03

인테리어 소품 손그림 꾸미기

01 신발

1. 신발 끈을 그린다.

2. 신발 앞부분을 그린다.

3. 신발 뒷부분을 그려 신발을 완성한다.

02 핸드백과 반지, 목걸이

1. 네모를 그린다.

2. 핸드백 몸체를 그린다.

3. 핸드백 끈을 그려 완성한다.

1. 꽃 모양을 그린다.

2. 링을 그려 반지를 완성한다.

1. 꽃 모양을 그린다.

2. 구슬을 그린다.

3. 줄을 그려 목걸이를 완성한다.

03 바지

1. 바지 벨트를 그린다.

2. 바지 통을 그린다.

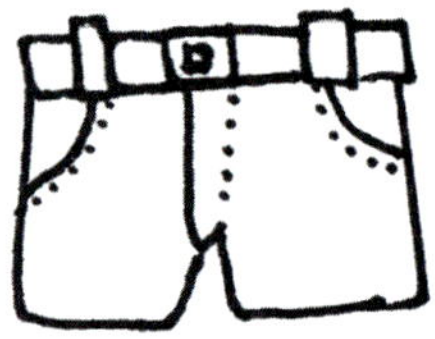

3. 바지 주머니를 그려 완성한다.

다양한 종류의 바지 그리기

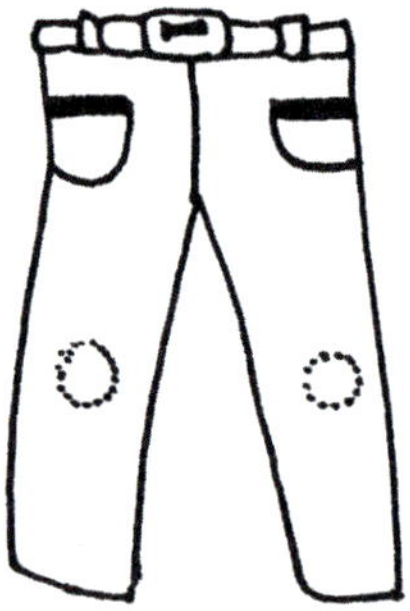

1. 무릎 바지

2. 밑단이 있는 바지

3. 멜빵 바지

04 치마와 블라우스

1. 치마 벨트를 그린다.

2. 치마 밑부분을 그린다.

3. 주름을 그려 치마를 완성한다.

다양한 종류의 여자 옷 그리기

1. 원피스

2. 블라우스

3. 멜빵 치마

4. 반팔 원피스

05 티셔츠

1. 팔 부분을 그린다.

2. 몸통을 그려 티셔츠를 완성한다.

다양한 종류의 티셔츠 그리기

06 슬리퍼

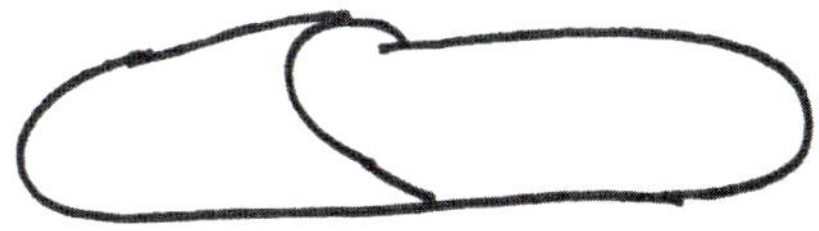

1. 슬리퍼 윗부분을 그린다.

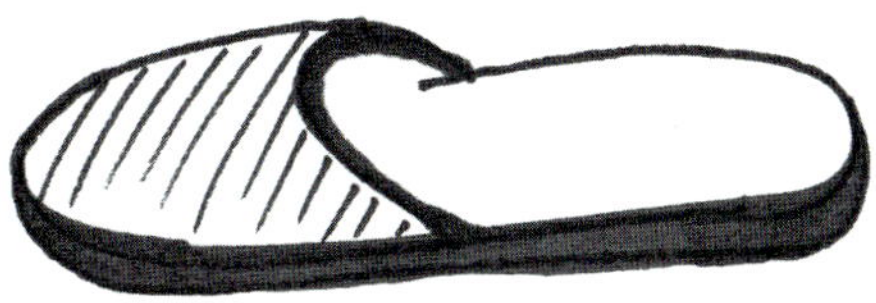

2. 슬리퍼 아랫부분을 음영을 주어 그린다.

3. 슬리퍼를 한쪽 더 그려 완성한다.

07 의 자

1. 의자 뒷받침 부분을 그린다.

2. 의자의 앉는 부분을 그린다.

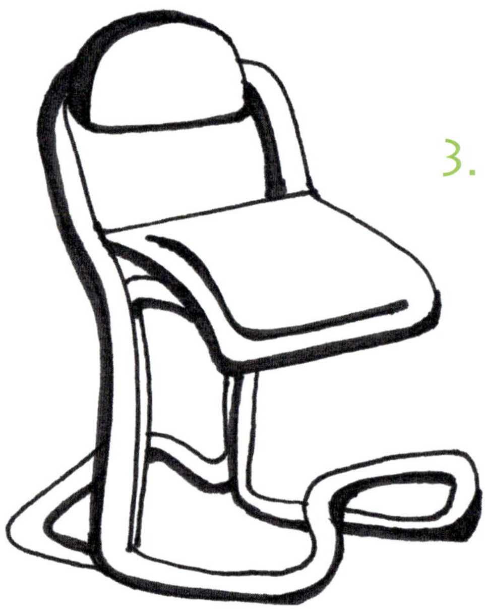

3. 의자 다리를 그려 완성한다.

08 서랍장

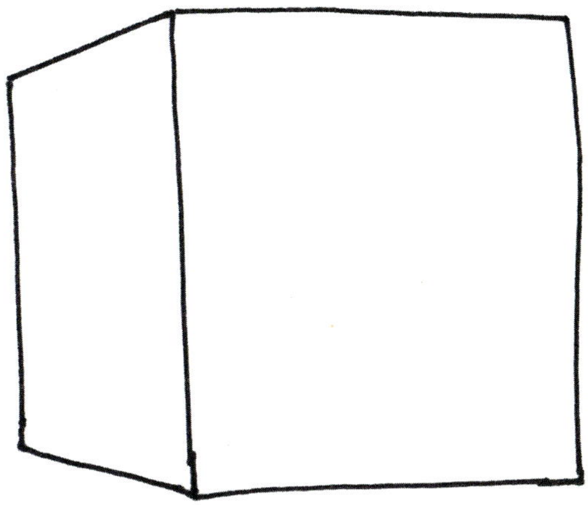

1. 직사각형을 이용해 서랍장 몸체를 그린다.

2. 서랍 형태를 다양하게 그려 서랍장을 완성한다.

09 스탠드

1. 스탠드의 아랫부분을 그린다.

2. 스탠드의 기둥을 그린다.

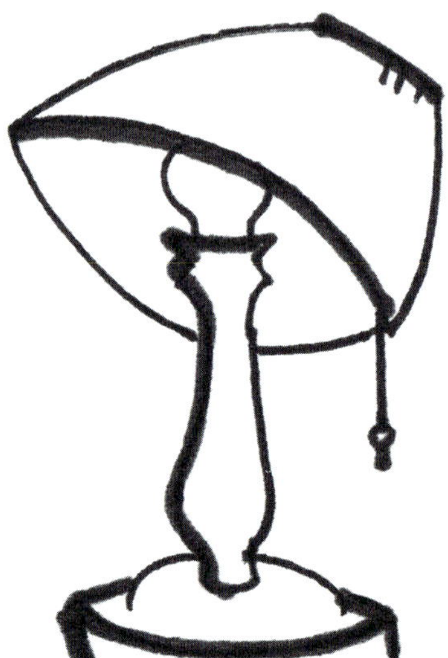

3. 스탠드의 갓을 그려 완성한다.

10 1인용 소파

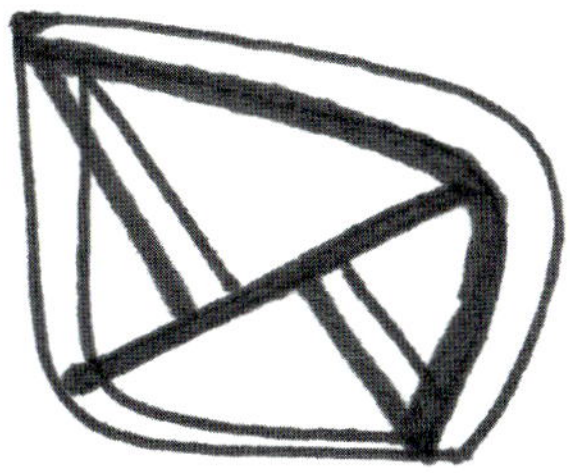

1. 의자의 손잡이 부분을 그린다.

2. 의자의 앉는 부분과 등받이를 그린다.

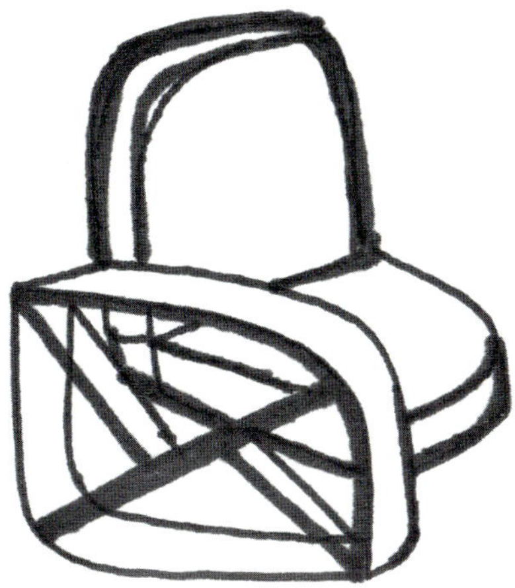

3. 의자의 아랫부분과 반대편 손잡이를 그려 완성한다.

11 액자

1. 직사각형을 그린다.

2. 액자 안쪽 테두리를 그린다.

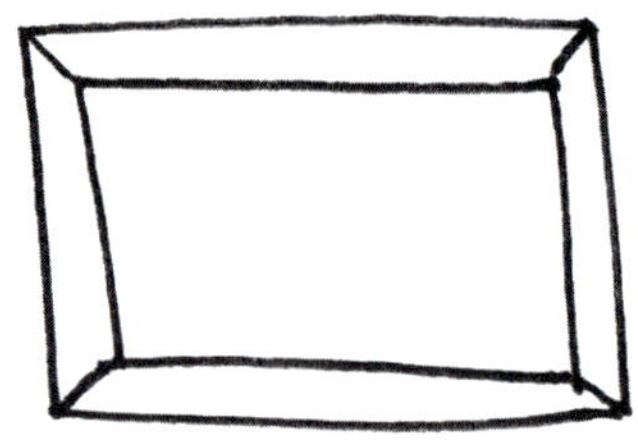

3. 안쪽에 직사각형을 하나 더 그리고 그림을 그려 액자를 완성한다.

12 침대

1. 침대 뒷부분을 그린다.

2. 침대 뒷부분의 기둥을 그린다.

3. 침대 매트리스 부분을 그리고 음영을 주어 완성한다.

다이어리 꾸미기 1

여러 가지 인테리어 소품 그림을 이용해서 배경을 꾸며본다.

다이어리 꾸미기 2

여러 가지 인테리어 소품 그림을 이용해서 배경을 꾸며본다.

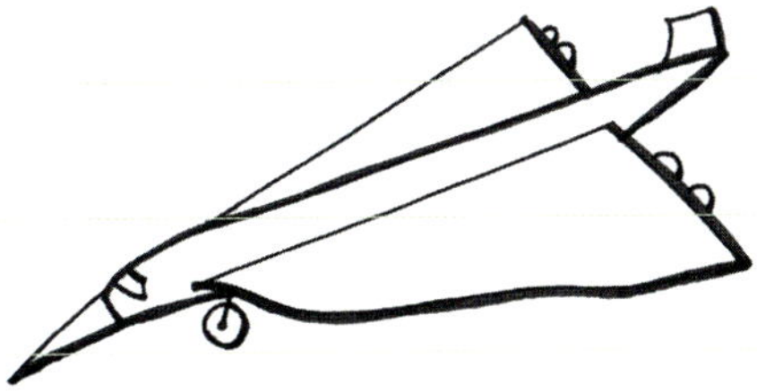

PART 04
이동수단 손그림 꾸미기

01 자동차

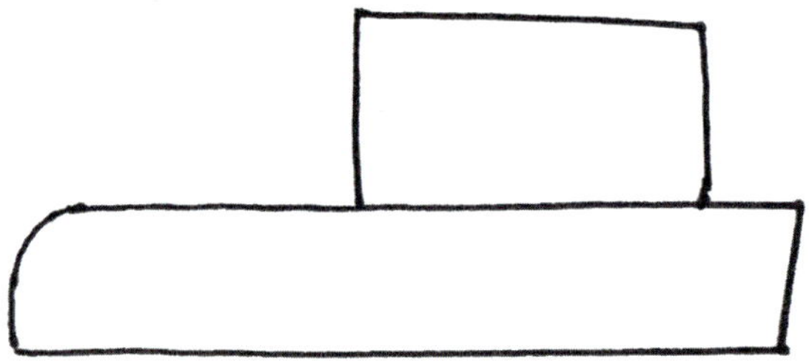

1. 직사각형을 그린다.

2. 앞쪽의 헤드라이트와 창문을 그린다.

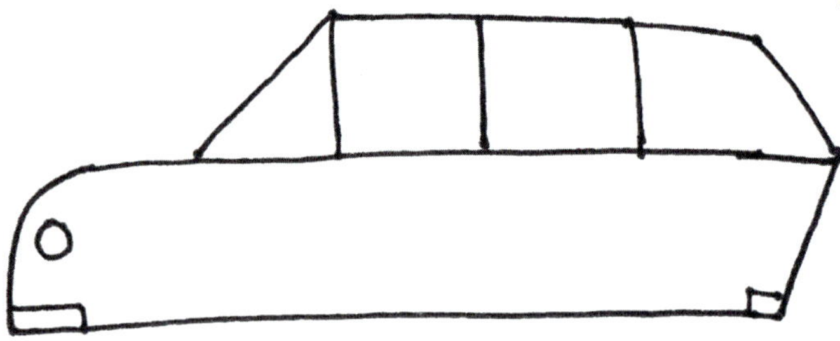

3. 바퀴와 유리창을 그려 자동차를 완성한다.

02 덤프 트럭

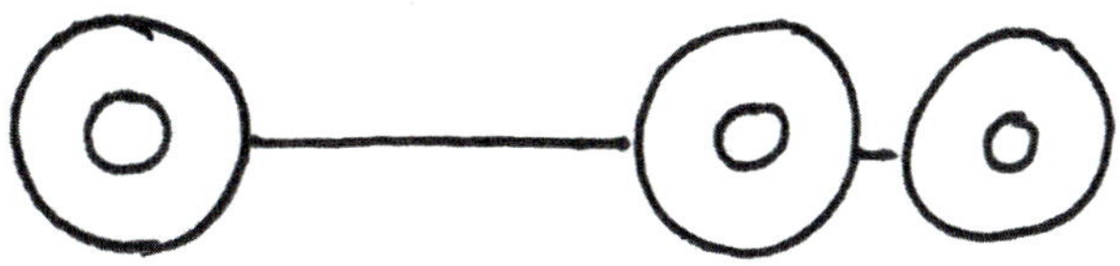

1. 바퀴를 그린다.

2. 트럭의 앞부분을 그린다.

3. 트럭의 뒷부분을 그려 완성한다.

03 오토바이

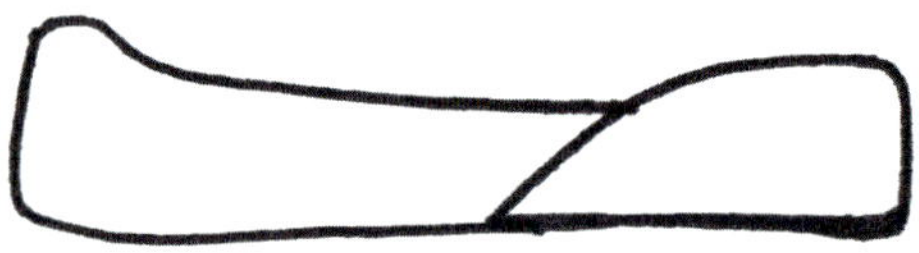

1. 오토바이의 몸체를 그린다.

2. 핸들과 아랫부분을 그린다.

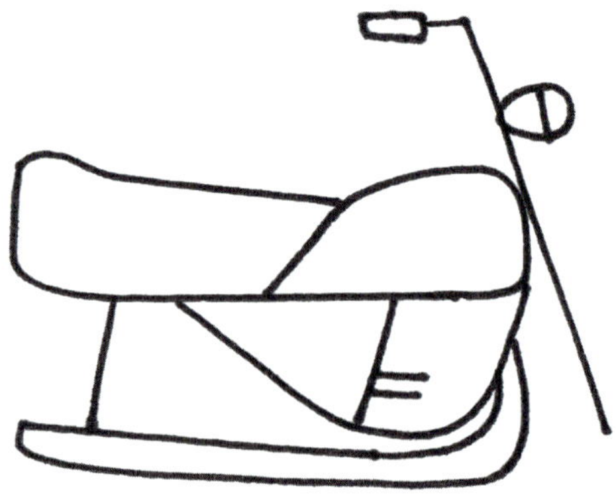

3. 바퀴를 그려 오토바이를 완성한다.

04 전투기

1. 전투기의 날개를 그린다.

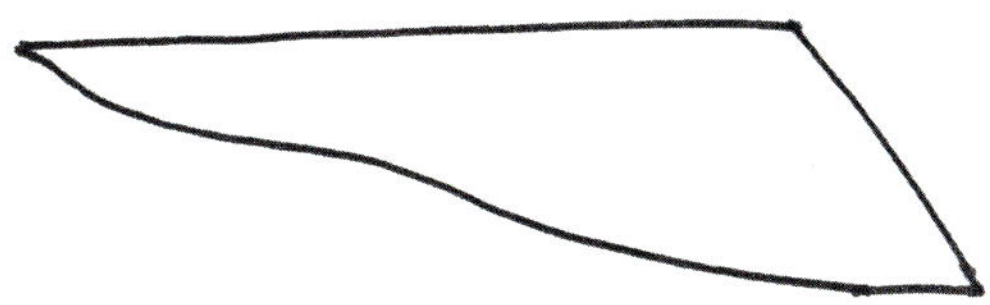

2. 전투기의 몸체를 그린다.

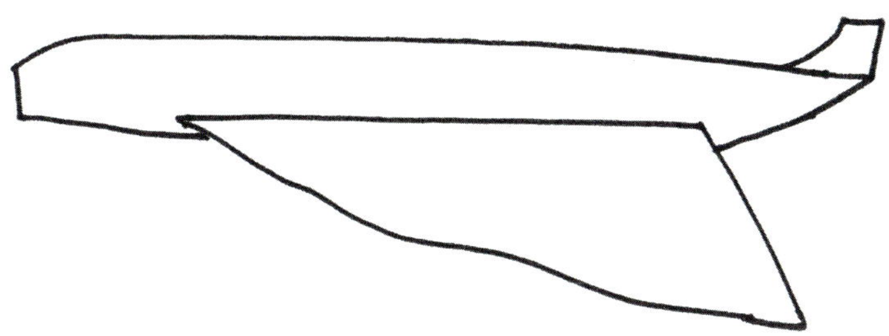

3. 반대편 날개를 그려 전투기를 완성한다.

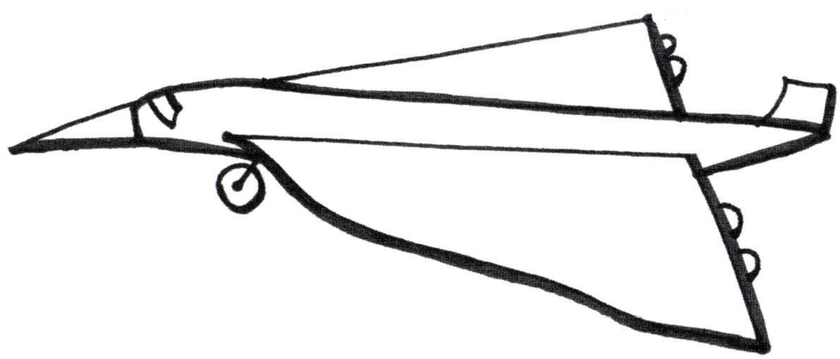

05 스포츠카

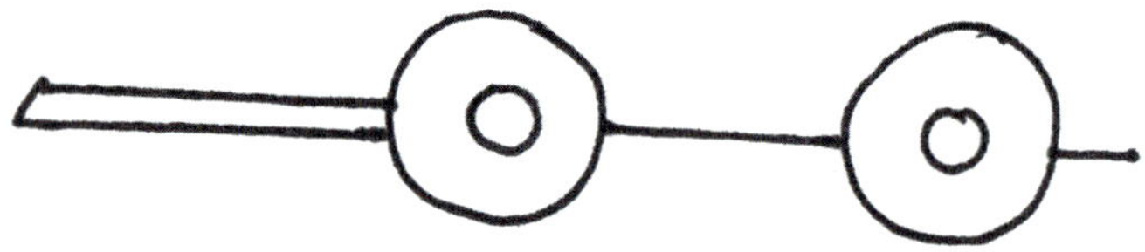

1. 바퀴 두 개를 그린다.

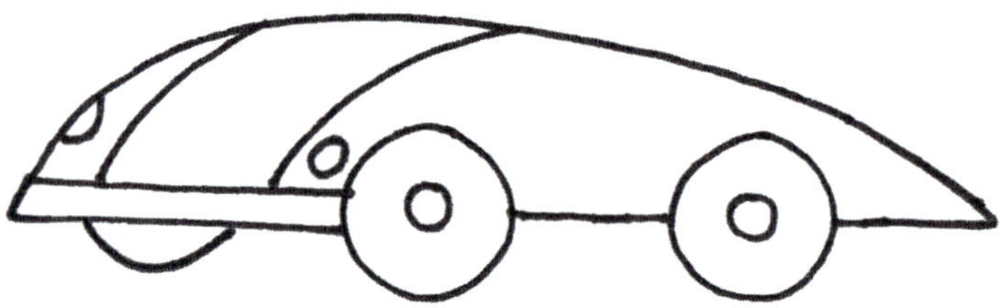

2. 스포츠카 몸체를 그린다.

3. 창문을 그려 스포츠카를 완성한다.

06 윙바디 트럭

1. 트럭의 앞부분을 그린다.

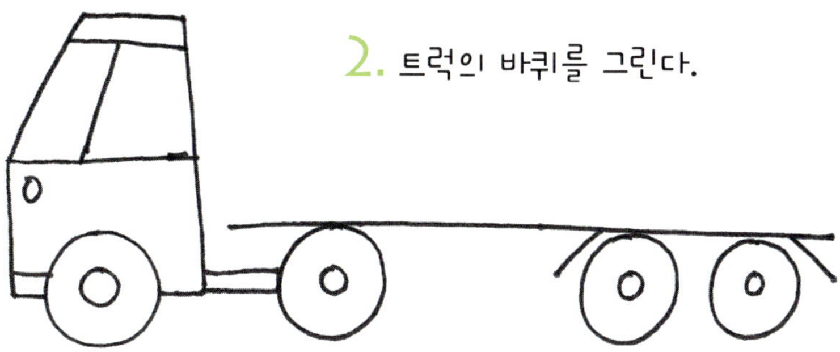

2. 트럭의 바퀴를 그린다.

3. 트럭의 뒷부분을 그려 완성한다.

07 기 차

1. 네모를 그린다.

2. 창문과 무늬를 그린다.

3. 기찻길을 그려 완성한다.

08 택시와 경찰차

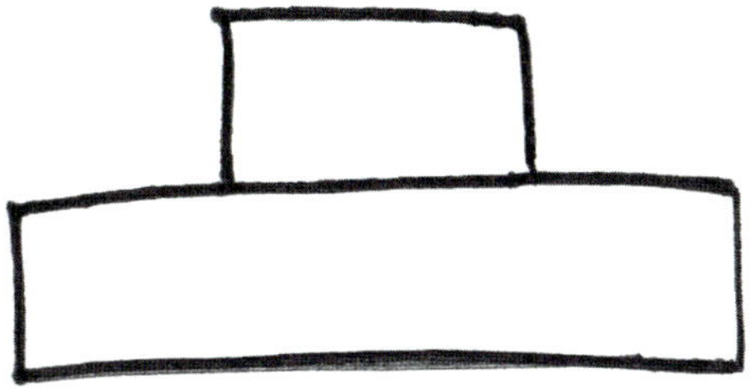

1. 네모 두 개를 그린다.

2. 택시 모양을 그린다.

3. 2의 택시 모양에서 윗부분을 수정하여 경찰차를 그린다.

09 소방차

1. 네모와 바퀴를 그린다.

2. 윗부분을 네모로 그린다.

3. 사다리를 그린다.

4. 호스를 그린다.

5. 창문과 장식을 그려
소방차를 완성한다.

다이어리 꾸미기

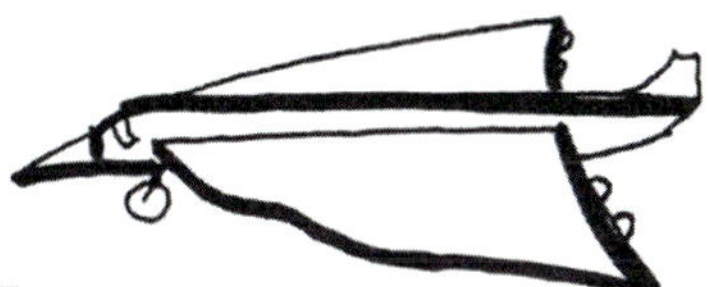

여러 가지 이동 수단 그림을 이용해서 배경을 꾸며본다.

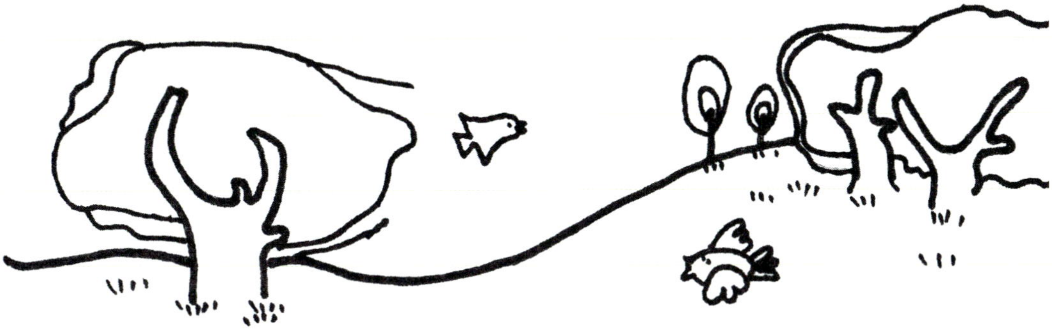

PART 05

여러 가지 배경 손그림 꾸미기

01 튤립과 꽃병

1. 동그라미를 이용해서 튤립 꽃봉오리를 그린다.

2. 튤립과 꽃병을 그린 후 줄기로 장식하여 그림을 완성한다.

02 방울꽃

1. 방울꽃 모양을 그린다.

2. 줄기와 잎을 그린다.

3. 방울꽃의 크기를 크고 작게 그려 완성한다.

03 초롱꽃

1. 별 모양을 그린다.

2. 주머니 모양을 그린다.

3. 줄기와 잎을 그려 완성한다.

04 코스모스

1. 서로 마주보게 꽃잎을 그린다.

2. 나머지 부분도 서로 마주보게 그린다.

3. 줄기와 잎을 그리고 여러 개의 코스모스를 그려 완성한다.

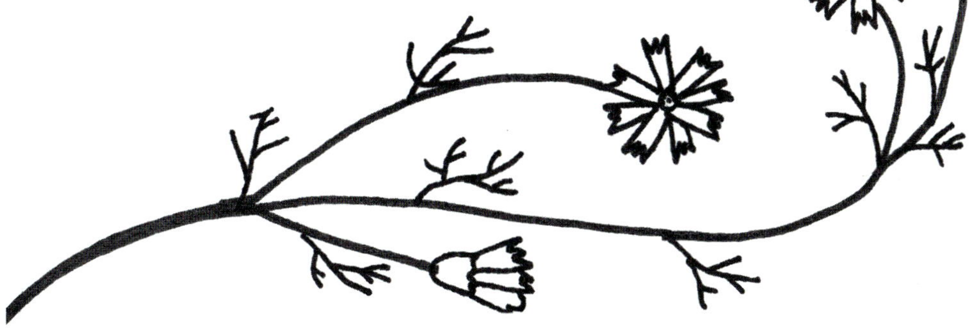

05 들꽃

1. W자 모양이 되도록 그린다.

2. 가운데 심을 그린다.

3. 줄기와 잎을 그려 들꽃을 완성한다.

06 수국

1. 마름모 모양을 그린다.

2. 마름모를 여러 개 그린다.

3. 수국의 잎을 여러 개 그려 완성한다.

07 백합

1. 꽃잎을 그린다.

2. 나머지 꽃잎을 그린다.

3. 줄기와 꽃봉오리를 그려 완성한다.

08 카네이션

1. 카네이션 꽃잎과 꽃받침을 그린다.

2. 꽃잎을 그린다.

3. 줄기와 잎을 그려 완성한다.

09 나팔꽃

1. 별 모양을 그린다.

2. 중심에 명암을 넣어 그린다.

3. 나팔꽃 줄기와 잎을 그려 완성한다.

10 해바라기

1. 타원을 이용해서 꽃을 그린다.

2. 꽃잎을 모두 그린다.

3. 해바라기 줄기와 잎을 그려 완성한다.

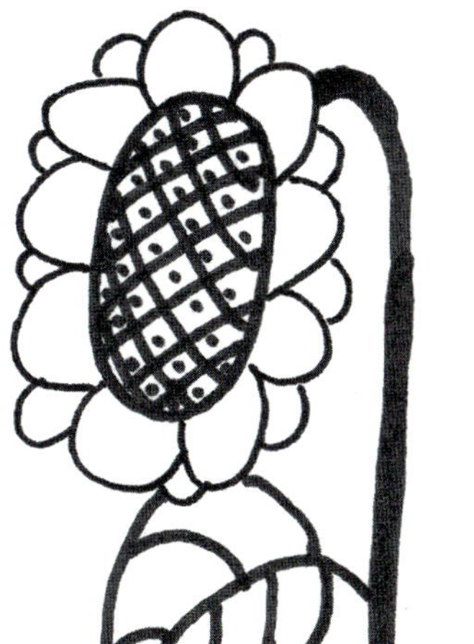

⑪ 들판과 나무

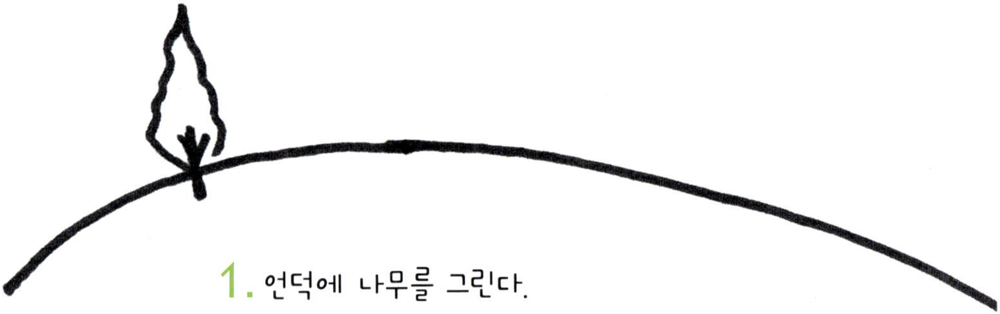

1. 언덕에 나무를 그린다.

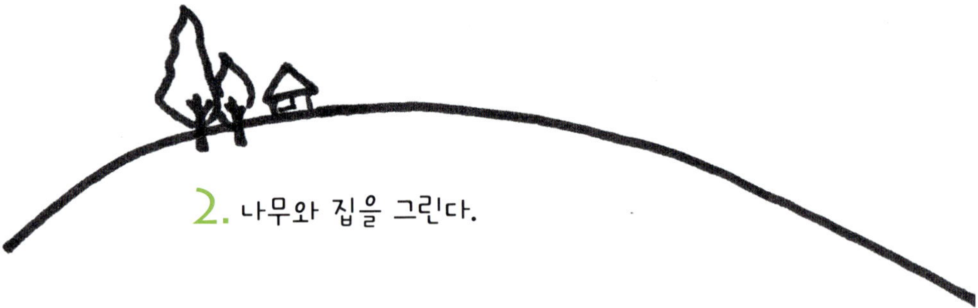

2. 나무와 집을 그린다.

3. 들판과 나무, 집에 명암을 주어 완성한다.

⑫ 풀과 들꽃

1. 풀을 그린다.

2. 들꽃을 그린다.

3. 풀과 들꽃을 그려 완성한다.

13 꽃 장식

1. 꽃을 그린다.

2. 줄기를 그린다.

3. 줄기와 꽃을 더 그려 완성한다.

⑭ 풀과 나무

1. 풀과 꽃을 그린다.

2. 나무를 그린다.

3. 또 다른 나무와 구름을 그려 완성한다.

15 꽃 화분

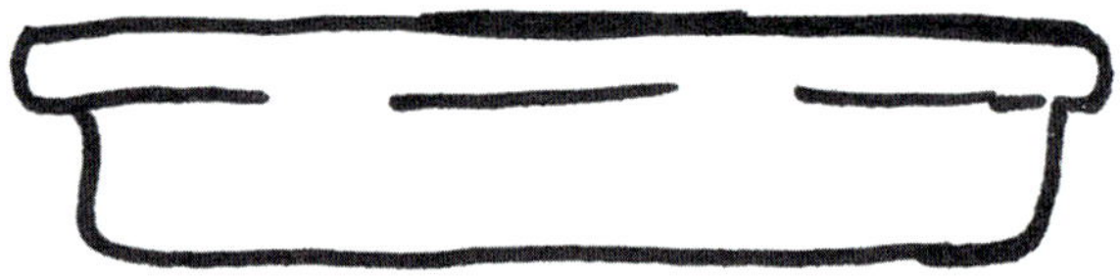

1. 화분을 그린다.

2. 꽃을 그린다.

3. 줄기와 꽃을 풍성하게 그려 완성한다.

16 아이스크림 1

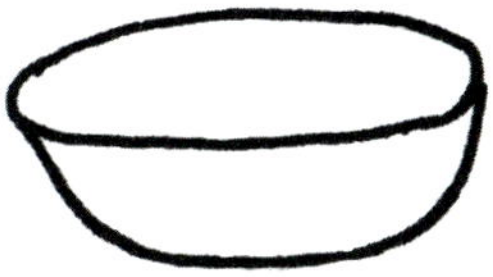

1. 타원을 이용해서 컵을 그린다.

2. 컵의 다리를 그린다.

3. 컵 위에 아이스크림을 그려 완성한다.

17 컵 케이크

1. 구름 모양 위에 원을 그린다.

2. 아랫부분에 네모를 그린다.

3. 컵 케이크 받침을 그린다.

4. 컵 케이크를 여러 개 그려 완성한다.

18 식 빵

1. 식빵의 외곽선을 그린다.

2. 식빵 외곽선 옆으로 직사각형을 그린다.

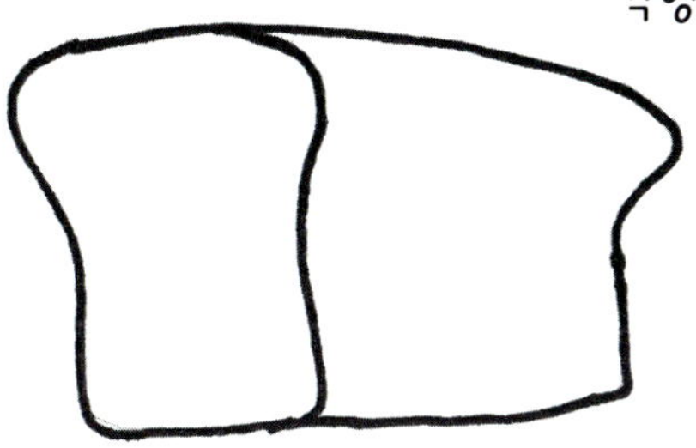

3. 식빵을 나눌 수 있는 선을 그려 완성한다.

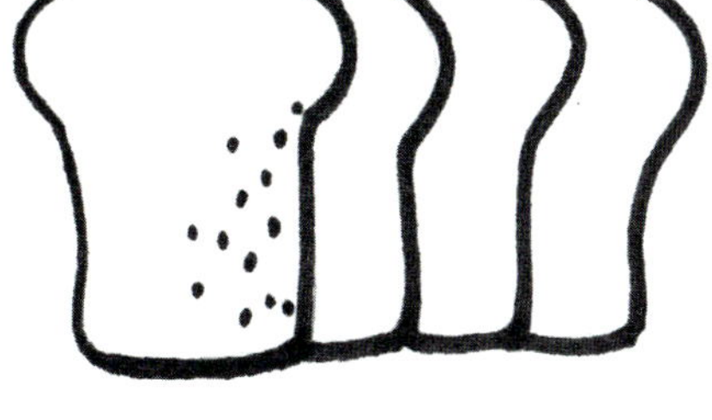

19 달걀 프라이

1. 달걀 프라이를 그린다.

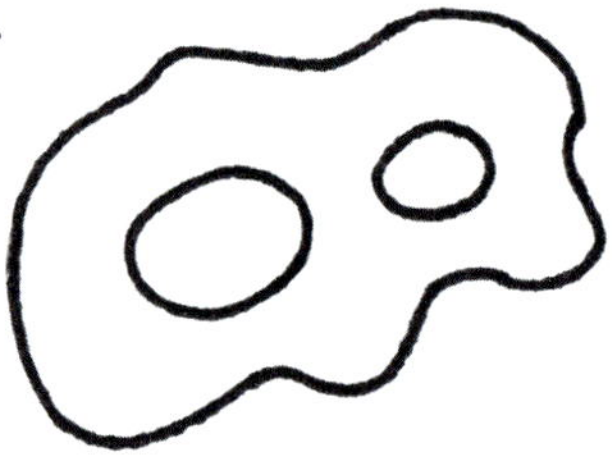

2. 채소를 그린다.

3. 접시 위에 담긴 달걀 프라이를 그려 완성한다.

20 아이스크림 2

1. 컵을 그린다.

2. 아이스크림을 그린다.

3. 빼빼로와 과자, 체리를 그려 완성한다.

21 꼬치 구이

1. 꼬치에 꽂힌 고기와 파를 그린다.

2. 버섯과 파를 그린다.

3. 여러 개의 꼬치를 그려 완성한다.

22 빵과 음식

1. 타원을 이용해서 빵을 그린다.

2. 채소와 다른 음식을 그린다.

3. 접시 위의 음식을 그려 완성한다.

23 수프

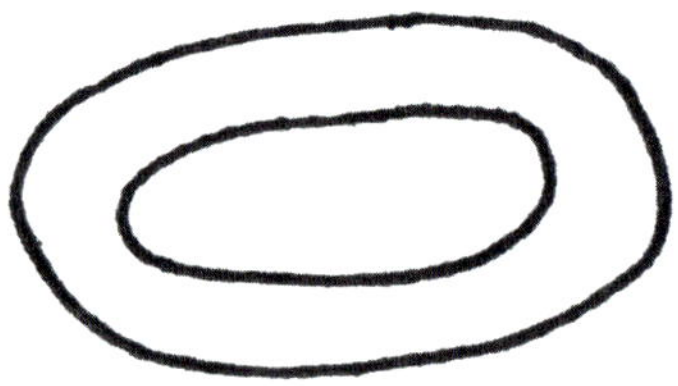

1. 접시를 그린다.

2. 접시 받침대와 수프를 그린다.

3. 수저와 나이프를 그려 완성한다.

24 맥주

1. 맥주의 거품을 그린다.

2. 맥주 컵을 그린다.

3. 컵의 무늬를 그려 완성한다.

25 커 피

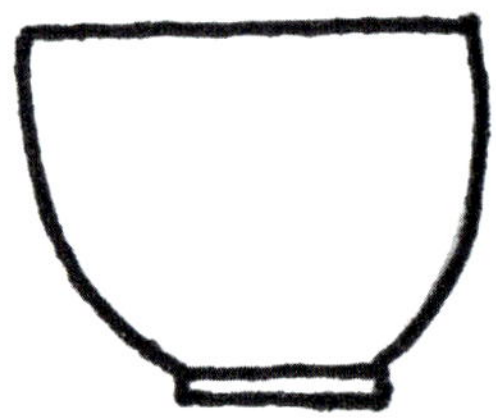

1. 잔을 그린다.

2. 손잡이를 그린다.

3. 컵받침과 손잡이에 명암을 주어 완성한다.

26 도시락

1. 곰돌이 모양의 도시락을 그린다.

2. 토끼 모양의 도시락을 그린다.

3. 접시에 놓인 닭다리와 꼬치를 그린다.

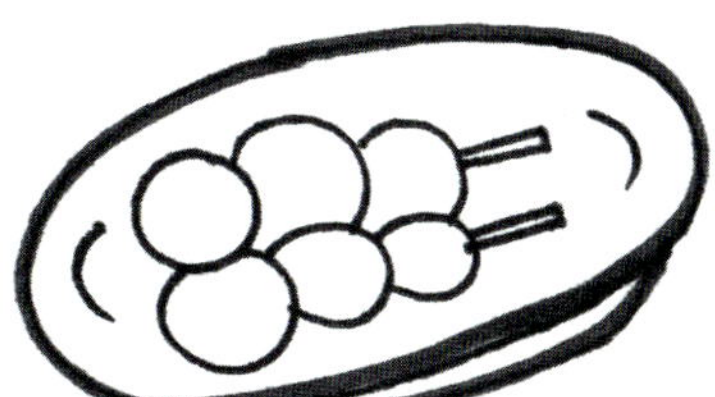

27 책과 연필

1. 책을 그린다.

2. 꽃과 연필을 그린다.

3. 책과 꽃, 연필, 선을 그려 완성한다.

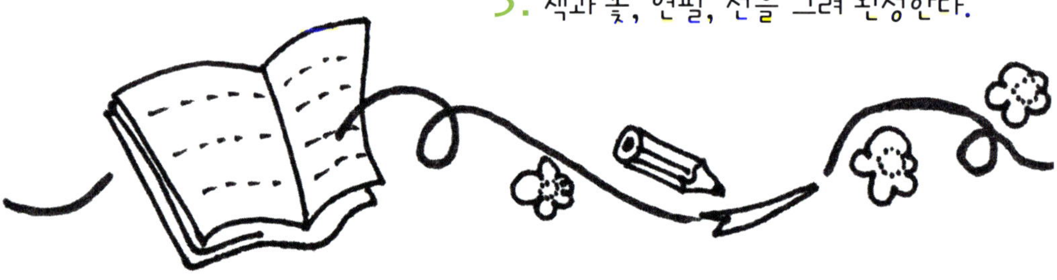

28 나무와 새

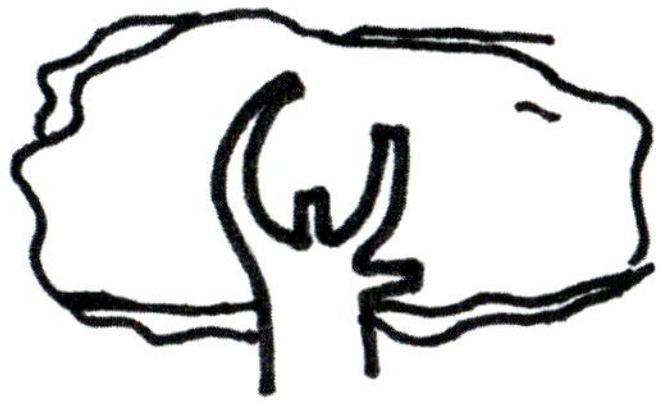

1. 나무를 그린다.

2. 언덕과 새를 그린다.

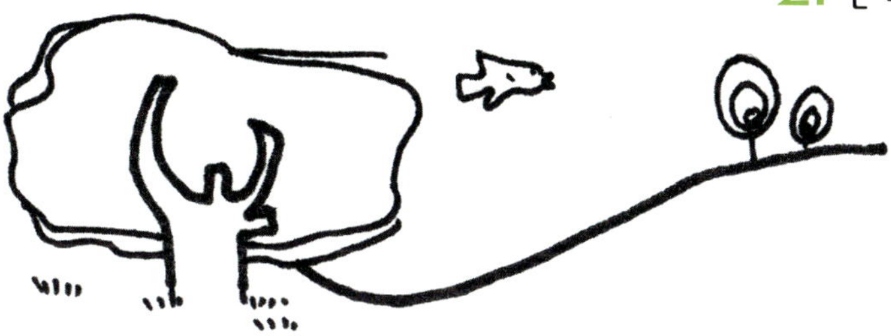

3. 새와 나무를 그려 완성한다.

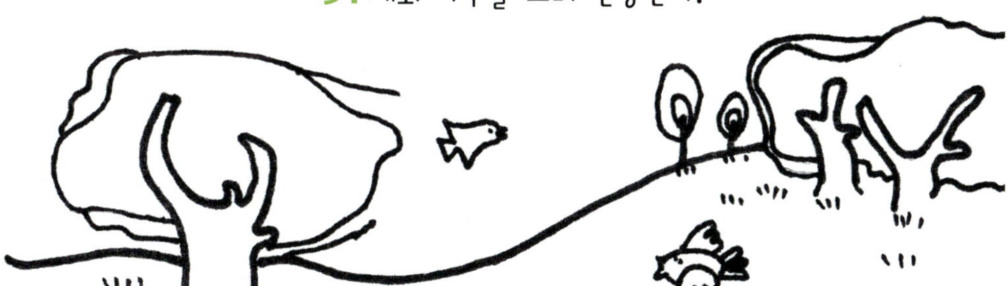

29 나뭇잎 2

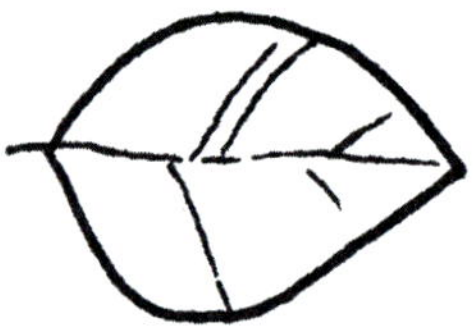

1. 나뭇잎을 그린다.

2. 나뭇잎과 선을 그린다.

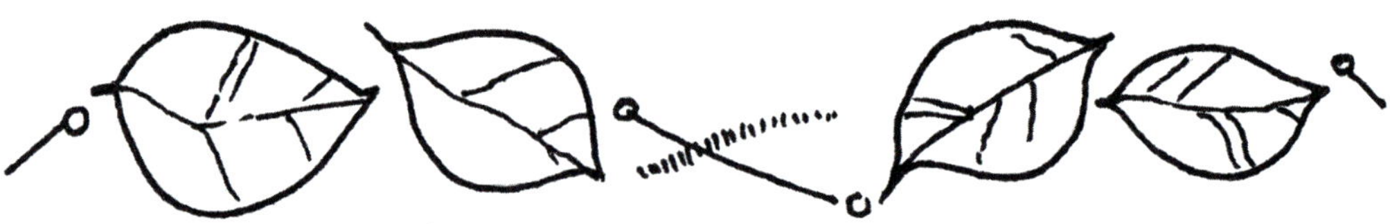

3. 나뭇잎을 더 그려 완성한다.

30 조리개와 화분

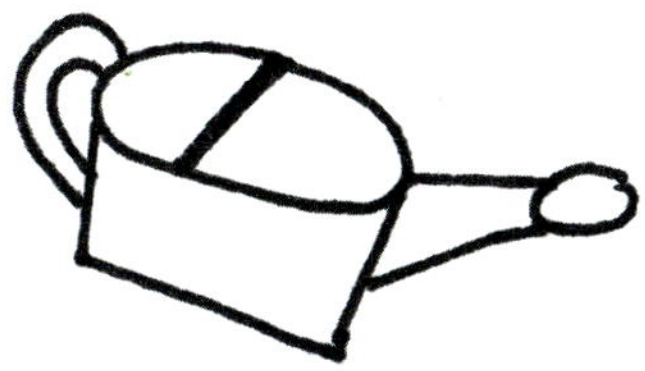

1. 조리개를 그린다.

2. 풀과 꽃을 그린다.

3. 화분을 그려 완성한다.

㉛ 꽃다발 2

1. 꽃을 그린다.

2. 줄기와 리본을 그린다.

3. 반대편에 꽃을 하나 더 그려 완성한다.

32 해와 달

1. 달과 별을 그린다.

2. 여러 개의 별을 그린다.

3. 로켓과 해를 그려 완성한다.

33 털실과 양말

1. 털실을 그린다.

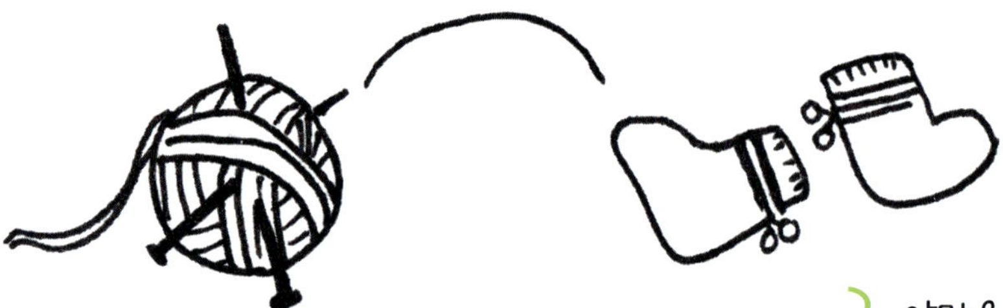

2. 양말을 그린다.

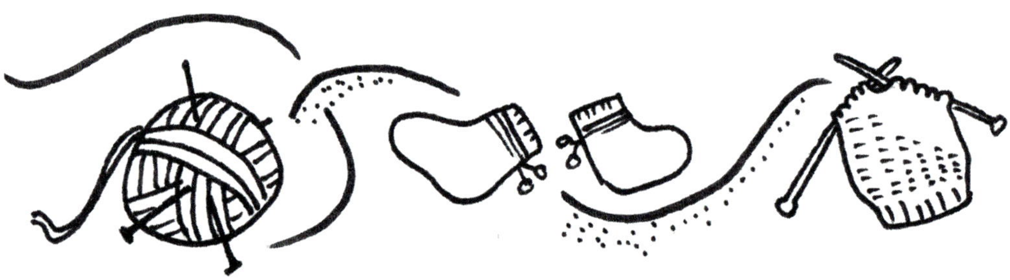

3. 털옷을 짜는 모습을 그려 완성한다.

34 양초와 크리스마스 장식

1. 양초를 그린다.

2. 크리스마스 글씨와 장식을 그린다.

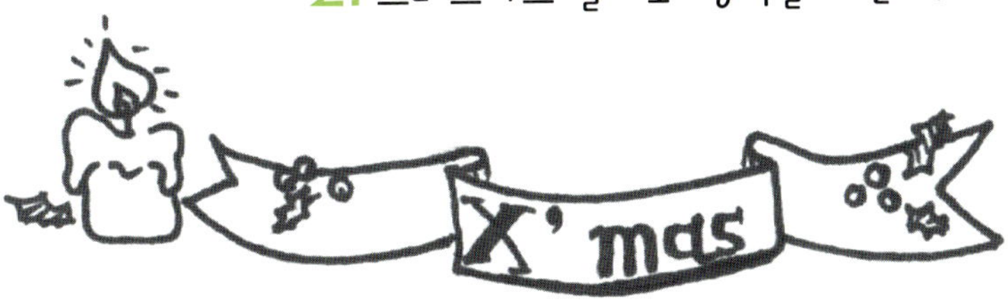

3. 양초와 별을 더 그려 완성한다.

35 여러 가지 표정의 아이들

1. 우는 아이와 화난 아이를 그린다.

2. 웃는 아이와 먹는 아이를 그린다.

3. 다양한 모습의 아이들을 그려 완성한다.

36 실로폰과 색소폰

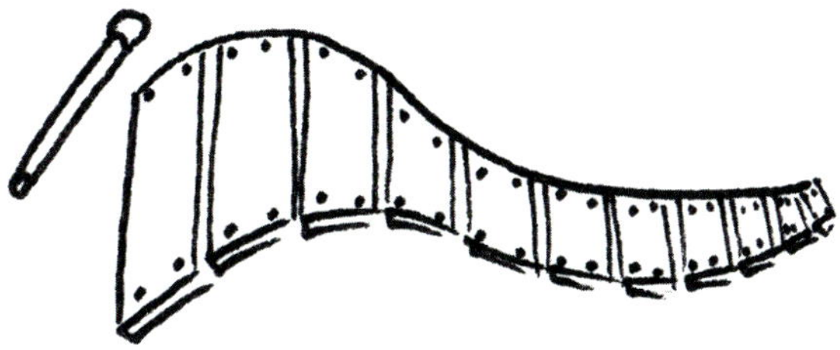

1. 실로폰을 그린다.

2. 색소폰과 음표를 그린다.

3. 실로폰과 음표를 더 그려 완성한다.

37 등대와 바다

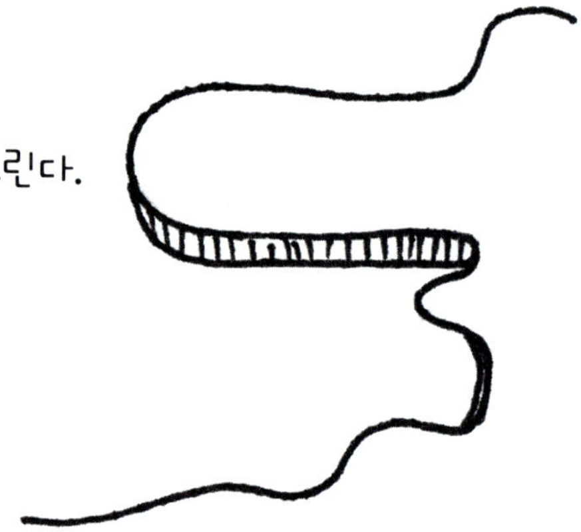

1. 해안선을 그린다.

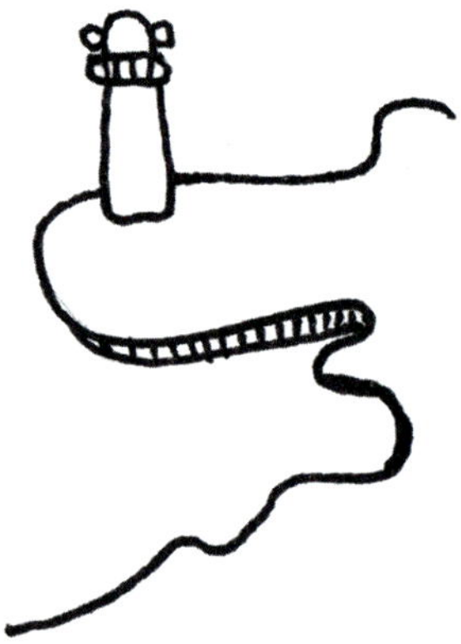

2. 등대를 그린다.

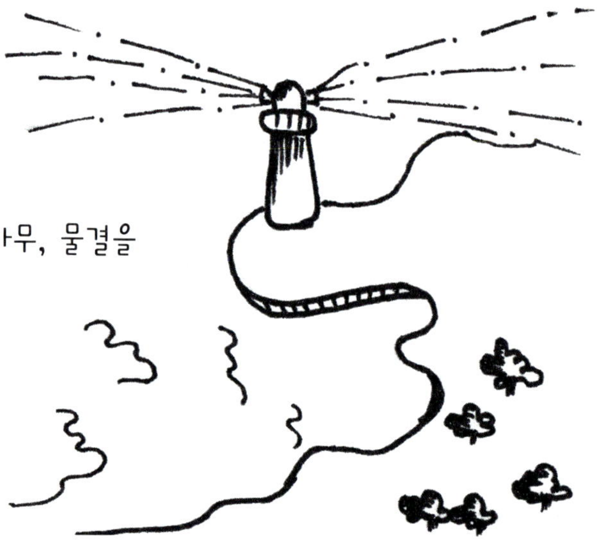

3. 등대의 불빛과 나무, 물결을 그려 완성한다.

38 배와 갈매기

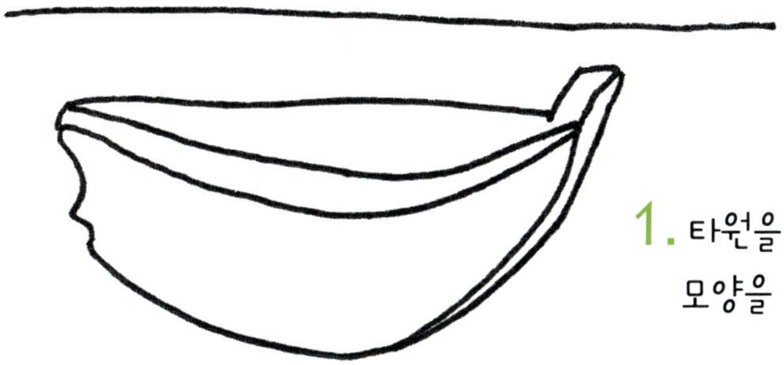

1. 타원을 이용하여 배 모양을 그린다.

2. 배의 무늬를 그린다.

3. 바다와 갈매기를 그리고 명암을 넣어 완성한다.

39 요트와 바다

1. 요트와 파도를 그린다.

2. 구름과 물고기를 그린다.

3. 구름과 물고기를 더 그려 완성한다.

40 들판과 구름

1. 구름과 집을 그린다.

2. 나무와 울타리를 그린다.

3. 젖소와 밭을 그려 완성한다.

41 밤하늘

1. 달을 그린다.

2. 건물을 그린다.

3. 건물을 어둡게 그려 완성한다.

42 건물과 나무

1. 건물과 창문을 그린다.

2. 뒷건물을 그린다.

3. 나무를 그리고 명암을 주어 완성한다.

43 코스모스와 돌

1. 코스모스를 그린다.

2. 여러 개의 코스모스를 그린다.

3. 코스모스와 돌을 그리고 명암을 주어 완성한다.

44 나무들

1. 나무를 그린다.

2. 또 다른 나무를 그린다.

3. 여러 그루의 나무를 그려 완성한다.

45 건물들

1. 건물을 그린다.

2. 자동차를 그린다.

3. 건물에 명암을 주어 완성한다.

다양한 종류의 꽃 그림을
이용해서 배경을 꾸며본다.

다이어리 꾸미기 2

여러 종류의 꽃 그림을 이용해서 배경을 꾸며본다.

다이어리 꾸미기 3

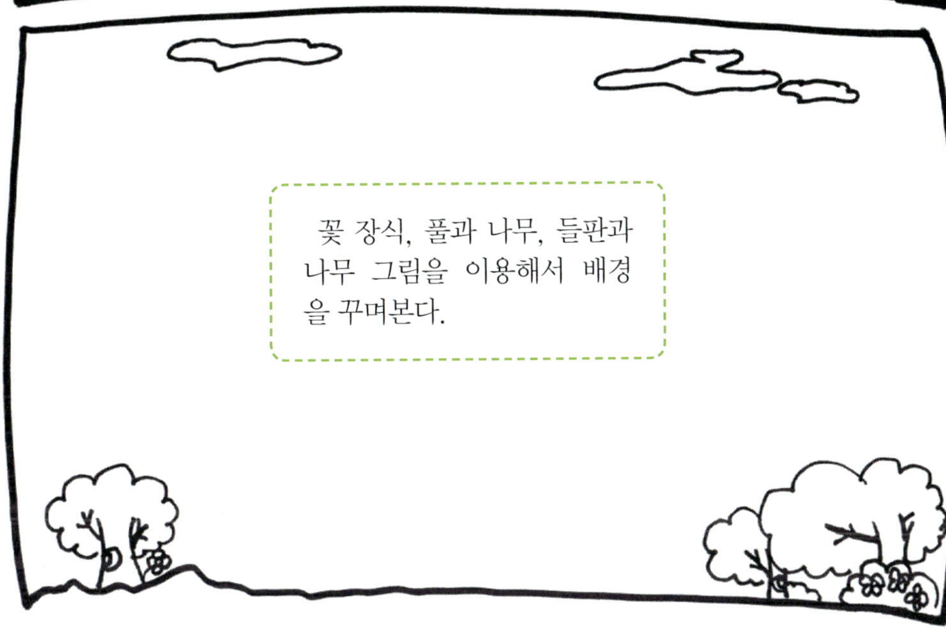

꽃 장식, 풀과 나무, 들판과 나무 그림을 이용해서 배경을 꾸며본다.

다이어리 꾸미기 4

여러 가지 음식 그림을 이용해서 배경을 꾸며본다.

다이어리 꾸미기 5

다양한 장식 그림을 이용해서 배경을 꾸며본다.

다이어리 꾸미기 6

여러 가지 장식 그림을 이용해서 배경을 꾸며본다.

손그림
다이어리 꾸미기

2012년 7월 20일 인쇄
2012년 7월 25일 발행

저자 : 이연희
펴낸이 : 이정일

펴낸곳 : 도서출판 **일진사**
www.iljinsa.com

140-896 서울시 용산구 효창원로 64길 6
대표전화 : 704-1616, 팩스 : 715-3536
등록번호 : 제3-40호(1979. 4. 2)

값 12,000원

ISBN : 978-89-429-1315-2